von Duzie (Dan und Suzie Potter)

Beziehungskünstler

Momente gestalten. Leben weitergeben.

Edition

SCM Hänssler

SCM

Stiftung Christliche Medien

Bestell-Nr. 395.165
ISBN 978-3-7751-5165-8

Internet: www.scm-haenssler.de
E-Mail: info@scm-haenssler.de
Übersetzung: Gerlinde Brady
Umschlaggestaltung: gestalterstube, Arne Claußen
Titelbilder: istockphoto.com
Satz: typoscript GmbH, Kirchentellinsfurt
Druck und Bindung: CPI – Ebner & Spiegel, Ulm
Printed in Germany

Inhalt

Die Wegweiser

Die Momente

Folgende 15 Momente triffst du in jedem der vier Wegweiser-Kapitel an:

Deine Reise beginnt

Die heiße Augustsonne stand noch hoch am Himmel, als wir am Rande eines Felsvorsprunges eine Pause einlegten und die frische Luft der Schweizer Alpen einatmeten. Suzie hatte ihren Rucksack mit Snacks, einem Erste-Hilfe-Kasten und Wasser dabei. Unser Sohn Joshua war sicher in seinem Tragerucksack auf Dans Rücken verstaut. (Sein Bruder Josiah war damals noch nicht auf der Welt.) Die Schneegipfel hinter uns, vor uns und um uns herum strahlten so weiß, dass wir die Augen zusammenkneifen mussten. Der Himmel war wolkenfrei und es hatte den Anschein, als könnten wir unendlich weit sehen, wenigstens zur rechten Seite.

Am Morgen hatten wir mit der Seilbahn mehrere Hundert Höhenmeter zurückgelegt. Dann wanderten wir noch drei oder vier Stunden bis zur Jungfrau-Station. Und jetzt standen wir vor einem Wegweiser an einem alten Pfad. Er wies ein einzigartiges Zeichen mit einem Pfeil auf. Der Pfeil zeigte auf einen alten Pfad, der in ein schmales Tal führte.

Der Berg rief. Wir hörten deutlich seine Botschaft, diesen abenteuerlichen, alten Pfad als Rückweg zu wählen. Auf unserer Karte war der Pfad deutlich eingezeichnet, also schlugen wir ihn ein.

Sehr schnell hatte es den Anschein, als wären wir einfach die Seite des Berges hinabgestiegen. Der Pfad war so schmal, dass wir hintereinandergehen mussten. Auf unserer rechten Seite ragte eine steile Felswand nach oben und auf der linken Seite gähnte ein tiefer Abgrund. Alle zehn Minuten machte der Pfad eine scharfe Wendung, sodass die Felswand und der Abgrund die Seiten wechselten. Wir wussten, dass wir uns nicht verlaufen konnten, weil wir jede halbe Stunde an seltsamen Wegweisern vorbeikamen und außerdem keine anderen Wege vorhanden waren.

Nach ungefähr einer Stunde trafen wir auf einen anderen Wanderer; es war ein Einheimischer mit seinen Schafen. Wir befanden uns anscheinend doch nicht auf dem offiziellen Weg. Wir wanderten einen Trampelpfad entlang, in Jahrzehnten durch die Tritte erfahrener Schäfer und ihrer Schafe entstanden. Der Schäfer lachte und sagte etwas auf Schweizerdeutsch. Seine Worten waren genauso verständlich wie die seltsamen Wegweiser und bedeuteten wahrscheinlich irgendetwas wie: »Schafspfad der Todesschatten und anderer unangenehmer Momente«.

Wir drückten uns gegen die Felswand, als die Schafe vorbeizogen. Sie glotzten uns an, als wären wir auf *ihrem* Pfad. An Umkehr war nicht zu denken. Wir nahmen unsere Wanderstöcke und schritten mutig voran.

Dieser Tag gehört zu den längsten unseres Lebens. Der Pfad wurde steiler und wand sich durch die Steinlawinen des vergangenen Jahres, über umgestürzte Bäume, durch die Hinterlassenschaften von Hunderten von Schafen und um Felsen herum, die von irgendwoher heruntergestürzt waren. Lange nach Einbruch der Dunkelheit erreichten wir den Fuß des Berges. Dort begrüßte uns eine Schafweide voller Nesseln, gegen die Dan allergisch ist. Wir waren erschöpft, besaßen Beulen vom Kriechen, blaue Flecken, Schürfungen – und einen unvergesslichen Moment.

Es ist unsere Hoffnung, dass die vor dir liegende Reise auch unvergesslich sein wird, wenn auch weniger schmerzhaft. Der Pfad heißt *ConneXellence*[1]. Es ist ein alter Pfad, im Laufe der Zeit in Vergessenheit geraten und kürzlich von unserer Generation wiederentdeckt. Er ist kurvenreich und bietet einige Überraschungen. Pass auf, wo du hintrittst.

Wir sind deine Reisebegleiter auf dieser Reise, also diejenige Person, die wir in der Schweiz gerne dabeigehabt hätten. Du stehst hier am Ausgangspunkt des Pfades. Die vor dir liegende Reise führt dich durch vier verschiedene Länder, jedes mit seinem eigenen deutlichen Wegweiser. Zuerst reist du durch das Land *INteragieren* in das Land *INteresse*. Dann weiter Richtung *INvolvieren* und schließlich nach *INspirieren*. In jedem Land begegnen dir 15 unvergessliche Momente.

1 Ein Kunstwort aus den englischen Wörtern *connection* (auf Deutsch »Verbindung«) und *excellence* (auf Deutsch »Erstklassigkeit«). Außerdem schwingt die Bedeutung »Beziehungen« mit, wie man *Connections* auch übersetzen kann. Diese Bedeutung greift der deutsche Titel *Beziehungskünstler* auf (Anm. d. Verlags).

Folge den Wegweisern entlang des Pfades und nimm dir genug Zeit für alle Momente. Mache dir keine Gedanken darüber, was auf der Weide am Fuß des Berges auf dich wartet. Auf diesem Pfad gibt es, soweit wir wissen, keine Nesseln.

Hab keine Angst, dich etwas zu verlaufen. Verlaufen ist hier ungefährlich – oder zumindest gut! Durchlaufe die Momente in beliebiger Reihenfolge. Der Pfad zieht mehrere Kreise. Du kannst jederzeit ein- oder aussteigen. Viel Spaß!

ConneXellence ist mehr als ein Pfad, es ist eine Kunst. Jesus war der ursprüngliche Meister dieser Kunst, der größte Kommunikator und Schöpfer unvergesslicher Momente aller Zeiten. Er INteragierte mit Menschen, wo immer er war. Er vermittelte Wahrheiten, die für das Leben der Menschen INteressant waren. Er INvolvierte die Menschen in den Entdeckungsprozess, und er INspirierte die Mengen, sodass sie beflügelt wurden und nach Veränderung strebten. Jesus trat *IN* ihr Leben und wir müssen diese Kunst des *IN* lernen.

Heutzutage suchen junge Menschen nach dem IN. Sie sehnen sich danach, IN hervorragende Beziehungen mit dir und deiner Botschaft zu treten. Im Leben geht es um so viel mehr als Wissenserwerb. *ConneXellence* feiert nicht vor allem das Weiterreichen von Informationen, sondern freut sich an der Reise zur INspiration. Um Fertigkeiten in *ConneXellence* zu entwickeln, muss man die verlorenen Kunst wiederentdecken, unvergessliche Momente zu schaffen. Es bedeutet, IN die Welt der anderen zu treten. In jedem Land findest du ein IN, weil es das Ziel von *ConneXellence* ist.

ConneXellence muss wiederentdeckt werden, wenn wir als Eltern, Lehrer, Jugendarbeiter, Pastoren und Freunde die Herzen unserer Generation erobern wollen. Wir leben in einer Zeit, die derjenigen vor 2000 Jahren sehr ähnlich ist. Die Wahrheit war etwas, das man erleben musste, und die Lehrer waren zum Greifen nahe.

Es gibt ein paar ganz besondere Momente, nach denen du in jedem der vier Länder Ausschau halten solltest:

- Falls du dich unterwegs fragst, warum die heutige Generation das Land benötigt, in dem du dich gerade befindest, gehe direkt zum Wegweiser Nr. 10, dem *Leben für den Moment*-Café. Da gibt es ein nettes, kleines Café. Nimm Platz, bestell dir einen Cappuccino und lass die Umgebung auf dich wirken.

- Sollte es dir langweilig werden, dich mit diesen einzelnen »Momenten« zu beschäftigen, dann leg »Einen Moment Pause« am Wegweiser Nr. 11 ein. Da hörst du direkt von deiner Generation. Das sind die »Schafe«. Ihnen gehört der Boden, auf dem du stehst.
- Auch die Station »Nur einen Moment Zeit!« gibt es in jedem Land. Es ist Moment 12. Er ist für diejenigen unter euch, die für das Abenteuer leben, aber nicht genug Zeit für alle Momente haben. Dieser Haltepunkt gibt einen Panorama-Überblick über das jeweilige Land für diejenigen, die es eilig haben. Denjenigen, die sich Zeit lassen, ermöglicht er einen zweiten Blick auf das Land.
- Wegweiser Nr. 14 in jedem Land ist ein Ort, an dem du anhalten musst, um deinen eigenen unvergesslichen Moment zu schaffen. Wir stellen dir einige besondere Gedanken und Fragen zur Verfügung, damit du dir diesen Moment zu eigen machen kannst.

Am Weg entlang gibt es 63 Momente. Hier am 1. Moment geht es los. Jeder ist so gestaltet, dass er »nur einen Moment« deiner Zeit in Anspruch nimmt. Jeder Moment ist ein Teil unseres Lebens. Alle Momente sind aus unseren Erfahrungen, Fragen und Fehlern hervorgegangen und aus über 25 Jahren, in denen wir unvergessliche Momente mit unzähligen jungen Leuten und Jugendmitarbeitern in der ganzen Welt geschaffen haben.

Jetzt ist es Zeit, in die Gänge zu kommen und das Abenteuer zu beginnen. Wenn du ein Denker bist, denke. Wenn du ein Unternehmer bist, unternimm. Wenn du gesellig bist, bringe einen Freund oder eine Freundin mit. Wenn du Beziehungen suchst, keine Sorge: Du wirst sie finden. Das Wichtigste ist deine Sehnsucht: Sehne dich nach einer Reise nach *ConneXellence* – nach der verlorenen Kunst, unvergessliche Momente zu schaffen.

Wir hoffen, dass dir die Reise genauso viel Spaß macht wie uns, dich auf dem Pfad zu begleiten.

Es grüßen dich – standhaft und hoffnungsvoll –

Dan & Suzie Potter, auch bekannt als Duzie

PS: Um mehr über uns, Dan und Suzie Potter – auch als Duzie bekannt – zu erfahren, gehe direkt zum 63. Moment im Abschnitt »Was ist ein Duzie?«. Hoffentlich sehen wir uns dort!

Von Meetings zu Momenten

Nimm dir vor dem Start in dieses Abenteuer einen Augenblick Zeit und spule deine vergangenen Jahre, Monate oder vielleicht auch nur die letzten Tage zurück. Was drängt sich vor deine geistige Linse, wenn du *Play* drückst?

Sind es Aussichten? Geräusche? Gerüche? Orte? Leute? Begrüßungen? Abschiede? Reisen? Unfälle? Wunder?

Wenn du deine Gedanken zurückspulst, wirst du sehen, dass die Stellen, an denen die Aufnahme anhält, direkt am Rande einer Erfahrung liegen. Dieser Ort oder Punkt ist ein *Moment.*

> *Ein Moment ist ein wichtiger oder bedeutender Augenblick – positiv oder negativ –, der sich tief in dein Sein eintätowiert.*

Ein INspirierender Moment hat dich dorthin gebracht, wo du heute bist – mit dem, was dich fasziniert; mit deiner Familie und deinem Glauben. Ein anderer Moment wird dich vorwärts- oder rückwärtstreiben. Die Momente in unserem Leben prägen und bewegen uns. Ein Mangel an verbindenden oder schmerzlichen Momenten bringt Unsicherheit, Stagnation und Resignation.

Es wird oft behauptet, dass diese Generation für den Moment lebt. Das stimmt und ist richtig. Diese Generation lebt für die einschneidenden Erfahrungen im Leben, die der jetzigen Existenz von »Gott, der Welt und mir« Gültigkeit verleihen.

Zu oft haben wir als Leiter Momente durch Meetings ersetzt: regelmäßige Veranstaltungen, bei denen Menschen zusammenkommen, um zuzuhören und vielleicht die Angelegenheiten von »Gott, der Welt und mir« zu diskutieren. Wir rechnen diesen Meetings einen sehr hohen Stellenwert zu. Wir dokumentieren sie und liefern sie elektronisch an die Welt, nur um sie in einer Datei abzulegen und nie wieder anzusehen. Die bedeutsamen Momente gehen dabei in der Dringlichkeit des Vergänglichen verloren.

Wir meinen nicht, dass Meetings grundsätzlich falsch sind, aber weniger Meetings wären uns lieber. Wir meinen, dass diese Generation mehr erwartet! Sie erwartet mehr Leben, mehr persönliche Beziehungen, mehr Exzellenz, mehr Momente. Sie verlangt mehr. Es ist anstrengender, Momente zu schaffen, als Meetings zu halten. Wir müssen uns von der Dringlichkeit des Vergänglichen entfernen und mehr auf die Bedeutung der Momente konzentrieren.

Du fragst dich vielleicht: »Wo liegt da der Unterschied?« Nehmen wir uns doch einen Augenblick Zeit, um zu verallgemeinern, was »Meetings« und »Momente« eigentlich sind.

Meetings

»Meetings« konzentrieren sich auf das, was wir tun, und die Fähigkeit, die wir haben, eine Sache gut oder nicht so gut zu erledigen. Meetings erfordern unsere Anwesenheit, wecken Erwartungen und verlangen Ergebnisse. Sie sind vergänglich und haben einen Schein von Endgültigkeit. Sie verlangen Zeit und Aufmerksamkeit, sind gut geplant und sauber und normalerweise erfolgreich. Sie gehen in unser Kurzeitgedächtnis über und sind schnell vergessen. Meetings führen dazu, Verantwortung zu übernehmen, Verbesserungsvorschläge entgegenzunehmen, eine Vision zu formulieren, Ziele aufzustellen, Schriftstücke zu lesen, Pläne auszuarbeiten und natürlich führen sie auch zu schmerzenden Hinterteilen.

Meetings finden an Orten statt, die nach Arztpraxen aussehen, nach Büchereien klingen, nach abgestandenem Kaffee riechen und sie führen unausweichlich dazu, dass du auf einem Stuhl mit kerzengerader Rückenlehne landest.

Momente

»Momente« konzentrieren sich auf unsere Persönlichkeit und auf unsere Schwächen als Beobachter und Teilnehmer am Leben. Sie wecken unsere Aufmerksamkeit und bewirken, dass wir innehalten und nachdenken. Sie dauern oft nur einen kurzen Augenblick, werden aber in unseren Gedanken und Gesprächen immer wieder abgespielt. Sie unterbrechen, wecken unser INteresse, bringen uns aus dem Rhythmus und richten manchmal ein Durcheinander an. Normalerweise hinterlassen sie uns und anderen eine großartige Geschichte, die dem Leben Gültigkeit verleiht.

Momente führen dazu, Erfahrungen zu teilen, Gefühle auszudrücken, Beziehungen zu vertiefen, persönliche Geschichten zu hören und größeres Vertrauen zu gewinnen.

Momente entstehen, wenn der Stuhl mit der kerzengeraden Rückenlehne auf dem Fliesenboden aufschlägt, die Kaffeetasse von der weißen Wand abprallt und aus den Ermahnungen zu gedämpfter Lautstärke lautes Gelächter wird. Momente führen zu Bewegungen und Geschichten, die jahrelang immer wieder erzählt werden.

Unserem Wissen nach hat bisher niemand einen Glaubenssprung oder eine andere lebensspendende oder verändernde Aktion gewagt, um an Meetings teilzunehmen. Es waren und sind immer die gemeinsamen Lebensmomente, die zeigen, dass es »Gott, die Welt und mich« wirklich gibt. Das wird auch in Zukunft so sein. Die Menschen dieser Generation wollen einander nahe genug sein, um die Momente zu teilen, die zu den Leitpfosten ihrer Leben werden.

Häufig sind Momente ungeplant, wie der Untergang eines Schiffes mitten in der Nacht, ein platter Reifen auf dem Weg zu einem unvergesslichen Ereignis, eine unerwartete Handvoll Geld, wenn die Taschen leer sind. Oder ein Angelausflug, bei dem ihr nichts fangt, außer gegenseitig eure Herzen. Momente werden auch von Leuten geschaffen, die glauben, dass Erfahrungen nicht aus Meetings, sondern aus Momenten geboren werden. Momente voller Leidenschaft, Schmerz, Hoffnung und Ehrfurcht. Großartige Geschichtenerzähler sprechen nie über Meetings. Was sie erzählen, während sie gemütlich im Schaukelstuhl sitzen, kann man nur als »lebendige Momente« bezeichnen. Warum? Weil das lebensverändernde Momente sind, von denen du Fotos machen kannst, um sie an deine Wand oder deine Seele zu hängen.

Jesus war ein Mann, der für den Moment lebte, einen Moment an der Quelle, einen Moment in einem Boot, einen Moment auf einem Feld, einen Moment auf einem Berg, einen Moment an einem Kreuz. Jesus gewann Jünger und weckte INteresse durch INteraktive Momente. Seine Begegnungen fanden immer inmitten von Momenten und nicht in Meetings statt.

Du musst deine Meetings nicht verteidigen. Was wäre das Leben ohne sie? Aber wie wäre es ohne Momente um die Lebensqualität bestellt?

Vor einigen Jahren nahmen wir an der Hochzeit von zwei Menschen teil, in die wir jahrelang Momente investiert hatten. Während der Feier wurden Bilder aus ihrem Leben gezeigt. Als wir uns die ansahen, merkten wir, dass wir die gesamte Reise mit ihnen gemeinsam gemacht hatten. Vom ersten Moment an, von Jugendtreffen zu Missionsreisen, zu Lebenserfahrungen, zur Hochzeit. Wir waren dabei. Wir hatten nur wenige gemeinsame Meetings, aber Tausende von Lebensmomenten, in der direkten Umgebung und in der ganzen Welt.

Danke, Curt und Nikki, für diese großartigen Momente. Wir glauben, dass ihr uns wesentlich mehr gelehrt habt als wir euch.

Auf dieser Reise wirst du mehrere Leute treffen, zu denen wir durch solche Momente Beziehungen geknüpft haben. Hoffentlich werden wir uns die Zeit nehmen, um allen für die Momente zu danken, die uns bis hierher gebracht haben. Wir entschuldigen uns bei denen, die in den unerwähnten Momenten verbleiben. Wir werden versuchen, später einige besondere Momente nur für euch zu schaffen.

Momente sind entscheidend. Momente, die wir mit unserer Familie, unserer Gemeinde oder unseren Freunden verbringen. Momente, die wir in Menschen investieren, nah und fern. Das ist es, worum es im Leben wirklich geht. Wir wagen es nicht, Momente und christlichen Dienst voneinander zu trennen.

Auf geht's! Wirf einen Blick auf die Zukunft. Bleib stehen und mach dir klar, dass unsere Gedanken von diesen Momenten erfüllt sind, wenn wir eines Tages unseren Weg allein gehen müssen. Wenn die Leute auf unseren leblosen Körper schauen, werden sie an Momente denken. Wenn dein Nachfolger deinen Platz übernimmt, werden andere dir wegen eurer gemeinsamen Momente und nicht wegen der Meetings nahe bleiben.

Die Werkzeuge zum Gestalten von Meetings befinden sich in Kisten, zusammen mit Computern, Stiften, Terminkalendern und der Tagesordnung. Die Werkzeuge zum Gestalten von Momenten befinden sich in deinem Herzen, zusammen mit Gelächter, Tränen,

Überraschungen, Versagen, Hoffnung und Bestätigungen. Nimm eine Auszeit von dem, was dringend ist. Zeige dieser Generation, dass es »Gott, die Welt und mich« wirklich gibt.

Dazu brauchst du nicht mehr als einen Moment.

Wegweiser 1 – INteragieren

0. Einführung INteragieren

INteraktion findet immer dann statt, wenn zwei oder mehrere Leute sich begegnen und sich nicht nur sehen, sondern ein wenig tiefer schauen und fragen: »Wer bist du?« und: »Wer bin ich?«. Du kannst nicht mit dir selbst INteragieren, nicht einmal mit deinem Spiegelbild, egal wie sehr du dich bemühst. Wahre INteraktion erfordert mindestens eine andere Person, aber man kann auch mit über tausend Leuten gleichzeitig INteragieren. INteraktion kann ganz zufällig entstehen, wenn man in die falsche Toilette geht, zu dicht an eine schwingende Schaukel tritt, einem alten Freund etwas zuruft oder wenn man auf dem Flughafen »Bombe« schreit (ups – das ist nicht empfehlenswert).

Manchmal ist INteraktion vollkommen geplant, wie ein Dinner mit einem Staatspräsidenten oder einer Königin, oder wenn man in der Mathestunde ein Schild hochhält, auf dem steht: »Chris, ich liebe dich«. Oder wie die automatische Reaktion eines Polizisten auf einen vermeintlichen Bombenattentäter auf einem Flughafen.

Manchmal besteht INteraktion einfach daraus, dass man das ausspricht, was zu einem bestimmten Zeitpunkt gesagt werden muss. Zum Beispiel, wenn du dich einem Unbekannten vorstellst. Oder wenn du den Rettungssanitäter begrüßt, nachdem du von dem Mädchen verprügelt wurdest, das du zu lieben meintest (ihr Name war übrigens Chris). Oder aber wenn du dem Polizisten erklärst, dass du den Mann nicht gesehen hast, der »Bombe« in deine Richtung gerufen hat.

INteraktion findet statt.

INteraktion ist eine Kunst. Es ist eine Fertigkeit, die manchen leichtfällt und mit der sich andere schwertun. Manchmal verlangt sie ein wenig Flexibilität, persönliche Stabilität und ein hohes Maß an Angriffsfläche. Eine Beobachtung zur INteraktion, der wir uns sicher sind: Es gibt keine Garantie für die Aufnahmebereitschaft von den anderen. Aber das ist ein gutes Gebetsanliegen.

Suzie kommt mit allen leicht ins Gespräch. Wenn jemand ein Problem hat, bekommt er eine Umarmung. Es kommt zu Gelächter und Fragen. Nach einer Minute könnte man denken, dass sie sich schon seit Jahren kennen. Leute fühlen sich wohl in ihrer Gegenwart und INteragieren ungehemmt.

Dan, die andere Hälfte von Duzie, INteragiert vollkommen anders. Er hat immer »Freundschaftsmacher« bei sich. Er braucht immer einen Gegenstand, den man sehen, fühlen, beschreiben oder erfahren kann. Dieser wird zum Mittelpunkt seines »Auftritts«. Viele finden das Geheimnisvolle, den Humor und die visuelle INteraktion unterhaltsam.

Ein Publikum, ob es aus einer Person oder tausend Personen besteht, wird sich selten öffnen, es sei denn, du öffnest dich zuerst. Können sie dir vertrauen? Welche Erfahrungen hast du gemacht? Bist du authentisch – ein echter Mensch? Möchtest du mit ihnen zusammen sein? Wenn du selbst verletzbar bist und dich öffnest, verdienst du dir das Recht, gehört zu werden. Die anderen entscheiden, ob sie dir das Recht geben, den Moment zu vertiefen.

Menschen ändern sich ständig. Dein Publikum steht mit dem Rest der Welt in ständigem Kontakt durch Telefon, Internet und Fernsehen. Vielleicht stirbt ein Familienmitglied, jemand verliert einen Freund oder eine Freundin oder jemand wurde verletzt? Vielleicht haben sie gerade eine Auszeichnung gewonnen, sind durch eine Prüfung gefallen, hatten Geburtstag? Haben ihre Eltern sich gestritten, hat jemand seinen Job verloren oder wurde ein Gesundheitsproblem festgestellt? Jede Lebensgeschichte ändert sich ständig. Das »Leben« verlangt, dass du als der Sprecher INteragierst und dich auf ihr momentanes Leben konzentrierst.

Wir haben aufgrund von Informationen, die wir durch INteraktionen erhalten haben, schon den Inhalt von Vorträgen geändert und sogar Vorträge abgesagt. Im US-Bundesstaat Colorado haben wir den Inhalt unseres Vortrages aufgrund eines Selbstmordes geändert, der gerade in der Nähe passiert war. Die Ängste, von denen wir nach dem Anschlag am 11. September 2001 hörten, veranlassten uns, den Inhalt einer Tagung zu ändern. Bei einem erschöpften Publikum, das eine schlaflose Nacht hinter sich hatte, war unsere Kommunikation aktiver, und der Tod eines Freundes aus einer anderen Gruppe hat uns stiller gemacht.

Durch INteraktion lernst du, mit wem du es zu tun hast, was diese Menschen durchgemacht haben, wie sie sich fühlen, was sie erwarten, welchen Druck ihr Umfeld auf sie ausübt, wer die Leiter in einer Gruppe sind, wer für dich und wer gegen dich ist. Du lernst Namen, die Dynamik vor Ort, Vorlieben und Abneigungen kennen und erfährst viele andere wichtige Einzelheiten.

Die INteraktion ist eine Form der menschlichen Begegnung, die bei dir beginnt und zu einem freiwilligen Austausch führt. Das hilft dir (euch), eine gemeinsame Basis und einen gemeinsamen Kontext für deinen Moment zu finden.

Die INteraktion bestätigt dir, dass das Thema für dein Publikum angemessen ist, und sie macht den nachfolgenden Moment persönlich.

Vergiss nie zu INteragieren!

1. Der klärende Moment

Grundform:
INteragieren

Weitere Formen:
INteragiert, INteraktion, INteragierte, INteraktiv, INteragierend

Andere Worte, die sich auf INteragieren reimen:
reagieren, korrigieren, extrahieren, radieren, polieren, stornieren und kontaktieren

Das Wort INteragieren in anderen Sprachen:
Portugiesisch – interagir, Niederländisch – op elkaar inwerken, Türkisch – etkileşmek, Isländisch – verka gagnkvæmt

In Wörterbüchern steht:
in|ter|agie|ren:

1. Einfluss auf etwas anderes oder aufeinander ausüben
2. kommunizieren, eine gesellschaftliche Aktivität ausüben, mit einem anderen oder miteinander arbeiten
3. wechselseitig aufeinander einwirken

4. aufeinander einwirken oder Einfluss nehmen
5. gemeinsam handeln, auf andere bezogen handeln, sich mit anderen beschäftigen

Die Duzie-Definition:

INteragieren: Eine menschliche Begegnung und ein Austausch. »In Aktion« treten.

Die Verbindung:

Ich, der Sprecher/die Sprecherin und du, der Zuhörer/die Zuhörerin.

2. Bewegungen und Momente

Nimm dir einen Moment Zeit – *diesen* Moment – und wirf einen Blick auf deinen Kompass. In welche Richtung gehst du? Halt einmal inne und konzentrier dich auf diesen Moment. Denk nicht an die vier Himmelsrichtungen, sondern dreh dich um deine eigene Achse und sieh, wer um dich herum ist. Zu wem wirst du heute eine hervorragende Beziehung aufbauen?

Nimm deinen Finger, den Finger direkt neben dem Daumen deiner rechten Hand und zeige mit ihm – auf dich selbst. Nicht auf deinen Mund, mit dem du deine großartigen Gedanken artikulieren wirst. Nicht auf deinen Kopf, wo deine hervorragenden Gedanken brodeln, sondern auf dein Herz. Nur zu! Wenn du dazu dieses Buch aus der Hand legen musst, tu es! Hier muss ConneXellence beginnen, mit dir, mit deinem Herz, der Quelle deines Lebens (Sprüche 4,23).

Jetzt zeige auf eine Person, irgendeine beliebige Person. Versuch nicht, dich damit herauszureden, dass deine Mutter gesagt hat, es sei nicht höflich, auf Leute zu zeigen. Deine Mutter sieht das nicht. Zeige auf denjenigen, der das »Wer« deiner hervorragenden Beziehungen ist, weil es bei Kommunikation nicht nur um dich geht. Wenn du niemanden in deiner Nähe siehst, dann such dir jemanden. Zeig auf ihn oder sie. (Wenn du gerade allein bist, musst du vielleicht einfach deine Fantasie spielen lassen.) Dieser Mensch ist der Mittelpunkt der Beziehung, die du aufbauen möchtest.

Jetzt zeig auf dich zurück und dann wieder auf die Person, auf die du dein Augenmerk gerichtet hast. Immer wieder. Dein Finger sollte so aussehen wie der gelbe Ball in einem Tennis-Match, in ständiger INteraktion hin und her über das Netz. Tennis war noch nie ein guter Einzelsport und Kommunikation auch nicht. Dein Hauptaugenmerk sollte auf der INteraktion zwischen dem »Wer« und dir liegen. Das erste Zeichen von ConneXellence ist, wenn du von Herzen einen Schritt in das Leben einer anderen Person wagst. Es sagt: »Ich bin hier, ich bin echt und du bist mir wichtig. Ich möchte eine Beziehung mit dir.« Wir müssen uns aber fragen, ob wir das auch wirklich so meinen!

Nutze den nächsten Moment und rufe jemanden an oder knüpfe eine Verbindung zu jemandem. Wir sehen uns nach dieser wichtigen Verbindungspause wieder.

3. Ein Moment an einem See

Gönnen wir uns doch einmal eine Pause von den »ConneXellence«-Informationen und gehen zum Angeln an den See. Angelst du gern? Ein Moment am Ufer ist vielleicht genau das, was du brauchst. Schnapp dir deine Angelrute und auf geht's.

Es war einmal an einem Teich ein kleiner Mann.
Er stand im Sonnenlicht, die Angelrute in der Hand.
Er träumte von Fischen, er schaute auf den See.
Er fragte sich, wo sein Fang wohl sei.
Er schaute in die Tiefe, nach links und nach rechts.
Er sehnte sich so sehr nach einem Fisch.
Nach den fernen Geschöpfen rief er.
»Kommt zu mir«, bettelte er, aber nichts geschah.
Nun legte er die Angelrute zu seinen Füßen nieder.
Er beschloss, zu warten, in dem Gras, an seinem Platz.
Minuten wurden zu Stunden, bis zur Dunkelheit.
Ohne die geringste Spur von Fisch.
Vollkommen deprimiert und am Boden zerstört

machte der kleine Mann sich auf den Heimweg.
Warum haben sie nicht auf meine Stimme reagiert?
Wissen sie nicht, dass ich ihre beste Wahl bin?
Das Wasser verlassen, um bei mir zu sein.
Warum, oh, warum können sie das nicht erkennen?
»Zu viel Abstand, zu viel Raum«,
rief ein mutiger Fisch glockenhell.
»Du hast nicht INteragiert, wir wählten die Angst.«
Fortsetzung folgt …

Der entscheidende Fang

Genau wie ein Fischer kannst auch du selbst die richtige Ausrüstung haben, von einem Schwarm Fische umringt sein, den besten See in der ganzen Umgebung und die größte Leidenschaft für das Fischen haben.

Wenn du aber nicht bereit bist, das Ufer zu verlassen und dich mitten unter die Fische zu begeben, verschwendest du nur einen wertvollen Platz am Strand. Die Fische schauen dich nur an, wirken vielleicht sogar interessiert. Wenn du ihnen aber nahe genug wärst, um ihre Gedanken zu hören, würdest du ihre Fragen verstehen. »Was macht er/sie hier?« Du wirst nichts fangen, wenn du nicht ins Wasser gehst.

»Der entscheidende Fang« in dieser Generation ist dir vielleicht oft eine Nummer zu groß, aber er ist selten trocken und niemals langweilig. Die Momente, die »entscheidend« sind im Leben eines Menschen, sind die unglaublichen Momente, wenn du mit ihnen INteragierst. Du bist der erwachsene Freund, der den Komfort des Strandkorbs verlassen hat, um zu den Fischen zu gehen. Wenn du eine richtige Welle schlagen willst, spring hinein. Liebe, spiele, gib, geh, frage, hab Fantasie – und wirf deine Netze aus!

Du wirst mit Sicherheit nichts (ein)fangen – außer einen Sonnenbrand am Strand –, wenn du nicht INteragierst. Wenn du dich aber zu den Fischen begibst und INteragierst, wirst du immer etwas fangen.

Vergiss nicht: »Neugierige Katzen verbrennen sich vielleicht die Tatzen, aber sie fangen den Fisch«.

4. Ein Moment mit Jesus: Sandalen

Lass uns für einen Moment die Sandalen von Jesus anziehen. In den Sandalen von Jesus stand der Schöpfer der Erde und aller ihrer Bestandteile. Seine Sandalen trennten zwar seine Füße vom Erdboden, aber nicht ihn selbst von den Menschen. Seine Sandalen standen neben Prostituierten und Priestern, Fischern, Familienmitgliedern und Feinden. Seine Sandalen waren auf denselben Wiesen, im selben Schmutz und bei denselben Momenten des Lebens wie die Menschen um ihn herum.

Die Sandalen von Jesus trugen ihn zu Menschen und in Beziehungen hinein. Dabei war er nicht in Eile, zu lehren oder auszubilden, sondern hatte Zeit, Verbindungen zu knüpfen. Seine Sandalen blieben stehen, damit er INteragieren konnte.

Sie hielten bei Frauen an einer Quelle und im Staub an, sie blieben zum Essen, sie standen Zeh an Zeh mit den Reichen, trugen ihn in die Menschenmengen und hüpften mit Kindern herum, auch an geschäftigen Tagen.

Komm, zieh mal einen Tag lang die Sandalen von Jesus an.

Eines Tages machte Jesus an einer Quelle Rast und begann ein Gespräch, das in seiner Kultur ungewöhnlich war und ernsthafte Fragen aufwarf. Jesus teilte einen Moment seines Lebens allein mit einer Frau an einer Quelle. Er begann mit einer Frage an sie: »Gibst du mir etwas zu trinken?« Das hat die Frau total überrascht. In der damaligen Kultur war es jüdischen Männern nicht erlaubt, mit Frauen aus Samaria zu sprechen. Jesus kannte die Frau und er wusste, dass sie eine Veränderung in ihrem Leben nötig hatte. Sie brauchte eine dauerhafte Umkehr. Warum bat er sie dann, ihm etwas zu trinken zu geben? Warum kam er nicht direkt zur Sache? Brauchte er das Wasser für seinen trockenen Hals, damit er kraftvoller sprechen konnte? Nein! Er nahm Kontakt zu ihr auf. Er stellte eine Verbindung zu einer Frau her, die von Gott geschaffen und von Männern verletzt worden war. Diese INteraktion entstand nicht aus Pflichtbewusstsein, sondern aus Respekt und Liebe. (Die gesamte Geschichte dieser INteraktion kannst du bei Johannes 4,1-42 nachlesen.)

Es gibt noch eine andere Frau, die sich allein in der Menschenmenge in Jesu Gegenwart wiederfand. Sie war beim Ehebruch erwischt worden. Sie war zweifellos eine Sünderin. Misshandelt, bloßgestellt, beschämt, allein, kurz vor der Steinigung nach Moses Gesetz. Sie hatte gerade die Wut der Religiösen und die Ungerechtigkeit ihres Partners erfahren, der sich leise fortstehlen durfte. Sie bekam die Neugier aller Gaffer in der Umgebung zu spüren. Jesus hatte eine vollkommen andere INteraktion mit der Frau. Er schrieb etwas auf die Erde und zweifelte die Sündlosigkeit der Männer an, die zum Steinwurf bereit waren. Er stand nahe bei der Frau und sagte: »Frau, wo sind sie? Hat niemand dich verurteilt?« Was für ein INteraktiver Moment! Er zeichnet ein wundervolles Bild von der Beziehung zwischen Schuld und Gnade. Wie muss sie sich gefühlt haben in der Gegenwart von Jesus, des Einzigen, der den ersten Stein hätte werfen dürfen, aber stattdessen auf die Erde schrieb? Sie führte die INteraktion mit den Worten fort, die sie vielleicht schon lange nicht mehr hatte sagen können: »Niemand, Herr.« Keiner klagte sie an und nicht einmal Jesus zeigte auf sie. In diesem Moment war nichts wichtig außer der Anteilnahme und Verbindung (Johannes 8,1-11).

Dann war da der Tag, als Jesus durch Jericho schlenderte. Es war so, als käme der Zirkus: Überall waren Menschen. Manche wollten etwas sehen, andere etwas hören. Viele hofften auf ein Wunder und einige waren einfach von dem Moment fasziniert. Jesus war nur auf der Durchreise. Ein kleiner reicher Mann, der viele Steuergelder veruntreut hatte, änderte alles. Dieser kurz geratene, unangenehme Typ namens Zachäus musste auf einen Baum klettern, um sehen zu können. Und dann erhaschte er nicht nur einen Blick, sondern Jesus blieb unter dem Ast mit dem reichen, gut gekleideten Zwerg stehen und INteragierte mit ihm. »Zachäus«, sagte er. Wow! Jesus kannte seinen Namen. Dann lud Jesus sich selbst zum Essen bei Zachäus zu Hause ein. Es war wie am Zahltag. Zachäus war begeistert, aber die Leute nicht. Worüber sprachen Jesus und Zachäus? Wie haben Zachäus' Frau und Kinder auf die neue Verbindung reagiert? Wie sah diese INteraktion aus (Lukas 19,9)?

Da wir gerade beim Thema »reiche Leute« sind, erinnerst du dich an den anderen Großverdiener, mit dem Jesus in Verbindung trat? »Mr. Geld und Macht« begann die INteraktion mit Jesus mit einer

Frage. »Guter Lehrer, was soll ich tun, um das ewige Leben zu bekommen?« Wow! Was für eine Frage. Das ist die Traumfrage eines jeden Evangelisten. Aber Jesus antwortete mit einer Gegenfrage: »Warum nennst du mich gut?« Wollte Jesus die INteraktion länger in Gang halten? Warum stellte er sein eigenes Gutsein infrage? Warum hat er nicht einfach die Frage beantwortet und mit dem reichen jungen Mann gebetet? Jesus sagte zu dem Suchenden: »Nur Gott allein ist gut.« Jesus war hier überhaupt nicht in Eile. Er wollte diesen »guten« Mann zum Nachdenken bringen. Er wollte ihn dazu bringen, dass er hinausblickte über seine »gute Rolle«, sein »gutes Geld« und alles Gute, das er tun und erben konnte. Übrigens, was gibt es denn für Leute in der Kategorie »Niemand ist gut« zu erben? Dieser Moment führte zu einer unvergesslichen Erfahrung durch einen sehr »guten« Lehrer und Beziehungsexperten (Matthäus 19,16; Markus 10,17; Lukas 18,18).

Jesus INteragierte auch mit Menschenmengen. Immer wieder. Er beobachtete Menschen, sprach mit ihnen und hörte ihnen zu. Er ging zu ihnen und sie kamen zu ihm. Seine INteraktionen schienen immer in sehr enger Beziehung zu den momentanen Bedürfnissen der Menschen zu stehen.

Einmal, als die Menschenmenge bereits versammelt war, stellte er sich folgendermaßen vor: »Ich bin das Licht der Welt. Wer mir nachfolgt, braucht nicht im Dunkeln umherzuirren, denn er wird das Licht haben, das zum Leben führt.« Wow! Was für eine Einleitung. Hast du dich jemals gefragt, zu welcher Tageszeit die Leute das hörten? Kannst du dir vorstellen, dass Jesus es sagte, als die Sonne gerade anfing unterzugehen und die Leute sich fragten, wie sie in der Dunkelheit nach Hause finden sollten? (Nur so eine Idee.)

Diese Einleitung entfachte eine großartige INteraktion zwischen Jesus und den Pharisäern. Ihre starke Kritik an Jesus hat vielleicht nicht gerade Verbindungsknoten mit den religiösen Führern geknüpft, aber die Menschen waren sehr damit beschäftigt, ihre eigenen Verbindungen mit Jesus zu knüpfen, und das INteraktive Seil wurde immer länger (Johannes 8,12-30).

Jesus hatte auch Zeit, Beziehungen zu Kindern aufzubauen, Kindern einer anderen Generation – mit jungen Menschen und Babys, zu denen er vielleicht nie sagen konnte: »Komm, folge mir«. Eltern brachten ihre »Zukunftshoffnung« und setzten sie oder ihn Jesus auf den Schoß. Dieser Gott-Mensch hatte nur drei Jahre, die Welt zu retten, und doch verbrachte er Zeit damit, mit Kindern zu INteragieren. Stell dir einmal vor, wie viel Zeit Jesus sich für Berührungen, Kitzeln, Hochwerfen und Segnen nahm!

Die Menschenmengen behielten diese Momente vielleicht nicht lange in Erinnerung, aber glaubst du, dass die Kinder jemals den Mann vergessen haben, der sie liebte, ihnen zuhörte und mit ihnen lachte? Wie lange dauert eine INteraktion wirklich (Matthäus 10,13; Lukas 18,15)?

Die ersten vier Bücher des Neuen Testaments stecken voller INteraktionen zwischen Jesus und den Menschen. Lies doch einmal nach und erlebe mit, wie Jesus mit potenziellen Jüngern INteragierte (Matthäus 4,18 und Markus 1,14), mit Menschen, die hofften, bald sehen zu können (Matthäus 20,29; Markus 10,46 und Lukas 18,35) und mit den so sehr Verzweifelten auf der Straße nach Emmaus (Lukas 24,13). Die Sandalen von Jesus brachten ihn zu Menschen. Jesus trug nicht einfach die Schuhe eines Lieferjungen mit einer kurzen Nachricht. Er trug die Schuhe eines Freundes, eines Freundes, der dir das Gefühl vermittelte, bei dir sein zu wollen – weil er das wirklich wollte.

5. Ein Moment zu zweit: Marcel, der raue Typ und die Zigarette

»Ein Moment zu zweit« ist ein zeitlicher Schnappschuss. Wir nehmen dich mit an einen Ort und zu einer Person, wo wir ConneXellence als natürlichen Teil des alltäglichen Lebens erfahren haben. Diese Momente können einige Sekunden oder Stunden dauern. Der Fokus liegt nicht auf einer – großen oder kleinen – Menschenmenge, sondern auf Einem. Dem Einen, mit dem INteragiert wird.

Marcel lebt in Holland, Hausnummer 106, äußerst rechts am Ende eines Häuserblocks aus Ziegelsteinen mit großen Panoramafenstern. Wir sind seit vielen Jahren mit Marcel, seiner Frau Lydia und ihrer Familie eng befreundet. Wir haben zusammen gearbeitet, gespielt, Gottesdienst gefeiert und gebetet.

Marcel ist einer der talentiertesten Männer, die wir kennen. Er kann fast jedes Instrument spielen und wenn nicht, kann er es bis zum Wochenende lernen. Wir haben ihn beim INteragieren beobachtet, im Fernsehen, in großen und kleinen Arenen, bei zahlreichen Kongressen, in Kirchen, Restaurants, Skateparks und in seinem eigenen Wohnzimmer an seinem großen Panoramafenster.

Vor einer Weile sind wir irgendwo in Deutschland zusammen spazieren gegangen. Wir begegneten einer Gruppe von ziemlich rau aussehenden Typen. Marcel war in seinem Element. Er ging auf den großen Typen zu, den Typen, der so aussah, als wäre er gerade beim dritten Zug an seiner neuen Zigarette. Marcel fragte, ob er sich die Zigarette ausleihen könnte. Ohne zu zögern nahm der Typ unbeeindruckt den Glimmstängel zwischen den Lippen hervor und überreichte ihn vorsichtig. Marcel streckte die Hand aus und nahm das Objekt seines INteresses entgegen. Er schloss die linke Faust und begann, die brennende Zigarette vorsichtig, langsam und vollständig in seine Faust zu stopfen. Die Typen, besonders der Besitzer der Zigarette, schauten erstaunt zu. Sie dachten sicher: »Der Typ ist entweder Superman oder superblöd.« Dann öffnete sich die Hand und enthüllte – nichts. Keine verbrannte Hand, kein Rauch, keine Zigarette.

»Wow!« »Das gibt's doch nicht« und einige andere Bemerkungen, die ich lieber nicht wiederholen möchte, sprudelten aus diesem INteraktiven Moment hervor. Es war nichts weniger als eine Verbindung, eine gute Verbindung.

Marcel verbrachte die nächsten Momente damit, mit seinen neuen Bekannten zu reden. Sie sprachen über ihre Stadt, einen Skatepark in der Nähe, über sich selbst und die verschwundene Zigarette.

Wir haben von Marcel unendlich viel in Bezug auf INteraktionen mit anderen gelernt. Für ihn ist Beziehungsaufbau mit Menschen eine alltägliche Angelegenheit, die meistens zu sehr viel mehr führt. Als wir neulich von Marcel hörten, hatte er sich gerade den Arm verletzt, und zwar bei einem Sturz beim INteragieren auf einem Skateboard, was uns zeigt, dass manche INteraktionen mehr Übung erfordern als andere.

Gute Besserung, und gib nie deine Momente zu zweit auf!

Danke, Marcel und Lydia, für all die Jahre des gemeinsamen Wachsens. Ihr habt uns mehr geholfen, als ihr denkt. Bestellt Miko, Lindi und Melwin einen schönen Gruß!

6. Ein Moment mit mehreren: 19.04 Uhr bei Dale und Rita

»Ein Moment mit mehreren« ist ein zeitlicher Schnappschuss. Wir nehmen dich mit an einen Ort und zu einer kleinen Gruppe von Leuten, wo wir ConneXellence als ganz natürlich im Umgang miteinander erfahren haben. Diese INteraktions-Momente sind angefüllt mit Geschichten, Lachen, Snacks und vielen »Wisst ihr, was mir diese Woche passiert ist?«-Momenten. Im Mittelpunkt stehen hier das Zusammentreffen von mehreren und die Bedeutung von INteraktionen.

Jeden Montagabend ist es so weit. Alle kommen zu Dale und Rita, und alle kommen zu spät (so gegen 19.04 Uhr). Diejenigen, die früh weg müssen, parken auf der Straße und die, die mehr Zeit miteinander brauchen, parken so dicht wie möglich am Haus.

Dale arbeitet im Krankenhaus und Rita ist Lehrerin. Der Montag ist ein Nonstop-Tag für sie, daher macht es ihnen nichts aus, wenn Leute zu spät kommen (was immer der Fall ist) und erst um zehn Uhr weg sind (was fast nie der Fall ist).

Du steigst die Seitentreppe hoch, die neben dem Basketball-Netz, und kommst auf einen braun gestreiften Flur voller Schuhe und mit einem großen Hund namens Hoosier. Alles scheint dazu da zu sein, um dich freundlich zu begrüßen, besonders der Hund. Dann hörst du es: »Kommt rein«, »Wer ist da?«, »Hoosier, Platz!«, »Wie geht's?«, »Erin hat Brownies gebacken«, »Hoosier, Platz!« und »Herzlich willkommen«. Lachen und um den Tisch herumstehen ist ganz normal. »Hoosier, Platz!«

An diesem Tisch geschieht nichts anderes als pures Leben. Dale sagt mit einem Lächeln: »Wir gehen einfach gemeinsam durchs Leben.« Dann übernimmt Rita und erzählt von ihrem Tag und fragt alle, wie ihr Tag gelaufen ist. Das passiert jeden Montag zwischen 19.04 Uhr und 19.21 Uhr oder 19.27 Uhr, je nach Ritas Fragen. Das nennt man INteraktion.

Wir leben alle in derselben Stadt, aber jeder führt ein ganz unterschiedliches Leben. Innerhalb einer Woche kann und wird sich alles verändern. Wir treffen uns, um Gemeinschaft zu erfahren. Wir lernen, wir wachsen, wir sind echt und von Zeit zu Zeit verzweifeln wir – gemeinsam.

Das alles beginnt um 19.04 Uhr. Wir stehen etwas unbequem, aber unter Freunden um einen Tisch mit Snacks herum. Wir INteragieren über nichts, Hoosier landet schließlich hinter der Kellertür. Warum kommt niemand früher? Weil das Leben um 19.04 Uhr beginnt, wenn alle durch die Tür kommen.

INteraktion ist ein Moment, der jeden Montag stattfindet, wenn Leute das »Ich« gegen das »Wir« austauschen und dann gemeinsam in das Wohnzimmer wandern, wo das Leben weitergeht.

Danke, Dale und Rita, dass ihr uns um 19.04 Uhr reinlasst und uns nicht rauswerft, wenn wir weit bis nach 22.00 Uhr bleiben. Jeremy, Erin, Doris, Mike, Sue, Jogi, Annie, Amanda, John, Sue, Kim, Joe, Wayne, Chris, Dale & Rita, ihr gehört zur Familie. »Gott sei Dank, es ist Montag!«

7. Ein Moment im Publikum: »Mystère im Abschnitt 101«

»Ein Moment im Publikum« ist ein zeitlicher Schnappschuss. Wir bringen euch an einen Ort und zu Menschen, wo wir ConneXellence als einen normalen Teil eines alltäglichen Programms erfahren haben. Diese Momente können vor der Show, während der Show und nach der Show passieren und nur wenige oder mehrere Minuten dauern. Im Mittelpunkt steht hier die – mehr oder weniger große – Menschenmenge. Es geht ums INteragieren mit ihnen – mit allen!

Wir waren frühzeitig da und bewegten uns flink durch die Reihen und Platzanweiser zu unseren Plätzen im Abschnitt 101. Der erste große Auftritt des *Mystère*-Theaters vom *Cirque de Soleil* in Las Vegas pulsierte nur so vor ungewöhnlichen Klängen, Farben, fließender Bewegung und Geheimnisvollem. Dann, ungefähr eine halbe Stunde vor Vorstellungsbeginn, tauchte »Brian Le Petit« auf, der Platzanweiser, der wie eine Mischung aus Einstein und einem schelmischen Clown aussah. Es gab keine Ansage, keine Spotlights, sondern nur einen INteraktiven Moment, den wir nie vergessen werden.

»Brian Le Petit« nahm die Eintrittskarten von einem jungen asiatischen Paar und begann, ihnen zu zeigen, wo ihre Plätze waren. Warum wir es gesehen haben, warum jeder es zu sehen schien, ist uns ein Rätsel. Aber alle sahen zu, als er sie nach vorne ins Auditorium brachte, um ihre Plätze zu finden. Das Paar folgte ihm zu den falschen Plätzen, dann weiter zu anderen falschen Plätzen, quer über die Hauptbühne, und zu guter Letzt waren ihre Plätze überhaupt nicht zu finden. »Brian Le Petit«, vollkommen entnervt, zerriss ihre Eintrittskarten und ließ das Paar mit dem Karten-Konfetti und der Zuschauermenge auf den Stufen von Abschnitt 104 zurück.

Wir hatten das Gefühl, als wären wir direkt bei ihnen, und wir wussten nicht, ob wir lachen oder weinen sollten. Dann ging es wieder von vorne los, aber diesmal mit einem anderen Paar auf dem Weg zu seinen Plätzen. Dieses Paar bekam kostenloses Popcorn (»Brian Le Petit« und einem Mann in Abschnitt 103 zu Dank, dem gerade das Popcorn gestohlen wurde). Das ganze Theater schien übergeschnappt zu sein in all diesen Momenten und dem Geheimnisvollen, das jedem Spaß machte, besonders denen, die im Mittelpunkt standen.

Genauso schnell, wie das INteraktive Chaos begann, war »Brian Le Petit« auch wieder verschwunden. Die Klänge, Farben und Bewegungen änderten sich und enthüllten ein neues »Mystère«, die eigentliche Show. Wir hatten den Eindruck, dass die Künstler ständig mit uns INteragierten, obwohl wir etliche Reihen von der Bühne entfernt waren. »Brian Le Petit«, der nie ein Wort sprach, tauchte in den komischsten Momenten auf. Wir warteten auf ihn. Er war unser Freund. Er war uns allen zum Greifen nah. Er wurde zum Platzanweiser für alle und führte uns durch eine der großartigsten Vorstellungen, die wir je gesehen hatten.

Schließlich war die Vorstellung zu Ende und wir saßen einfach nur da. Wir waren schockiert darüber, wie verbunden wir uns mit »Mystère« und einander fühlten. »Brian Le Petit«, dessen richtiger Name Brian Dewhurst war, hatte einen unvergesslichen Eindruck auf unser Leben hinterlassen. Ein »Mysterium« ist etwas Unbekanntes, aber diese Momente verschmolzen die Menge zu einer Gemeinschaft. Der Typ neben uns, die Leute vor und hinter uns, die Familie auf den Stufen und die Leute auf den Toiletten, alle INteragierten weiterhin miteinander. Dann begleitete »Brian Le Petit« uns zum Ausgang zu einer letzten, tollen INteraktion.

Mit den anderen Schauspielern und Akrobaten hatten wir keinen persönlichen Kontakt, aber diese gesamte INteraktion hat unser Leben berührt. Dieser Abend veränderte, wie wir unsere Programme gestalten und wie wir zurzeit mit unserem Publikum INteragieren.

Danke, *Mystère* und *Brian Le Petit*, für diesen Moment. Wir sehen uns vielleicht niemals wieder, aber du hast einen unvergesslichen Moment geschaffen und das wird uns immer mit großer Freude in Erinnerung bleiben.

8. Ein Moment bei uns zu Hause

Es heißt »My home is my castle« – »Mein Haus ist mein Schloss«. Für uns ist es eher eine Zugbrücke oder eine offene Tür.

Wir sind mit einem Haus gesegnet, das oft zu einer INteraktions-Zone für junge Leute aus unserer Gemeinschaft wird. Unsere Haustür liegt zur Straße und gegenüber dem INteraktiven Haus, in dem Dan aufwuchs. Seine Eltern öffnen auch heute noch fast täglich jungen Leuten ihre Türen. Unsere Hintertür führt auf eine Veranda und zu einem Weg durch unseren Garten, der direkt zur Highschool verläuft. Es ist nicht ungewöhnlich, dass pro Woche 100 bis 150 junge Gäste bei uns ein und aus gehen. Wir lieben das!

Wer in unser Haus eintritt, hat die Wahl. Er kann entweder durch die Haustür kommen (meist von Eltern und Neulingen benutzt) oder durch die Hintertür, durch die alle gehen, die sich als Familienmitglied betrachten. Jeder tritt ins Erdgeschoss ein, egal welche Tür er wählt.

Suzie liebt es, mit den Mädchen zu INteragieren, bei einem Cappuccino direkt bei der Hintertür. Sie sitzen an einem kleinen Tisch voller Leckereien und verbinden ihre Herzen miteinander. Dan steht normalerweise neben dem Kühlschrank, wo jeder ein kühles Getränk und ein kurzes Gespräch bekommen kann. Wir versuchen, mit den Teens zu INteragieren, wenn sie in das Haus eintreten. Ansonsten landen sie im »Untergrund« oder Keller. Der Keller ist eine Welt unter der unseren, wo die Teens sie selbst sein können, verrückten Aktivitäten nachgehen, Gemeinschaft schaffen, einfach dazugehören können.

Im Keller fühlen sie sich am wohlsten. Es ist ein Platz, der speziell für sie zum INteragieren und Verbindungen knüpfen eingerichtet wurde. Wenn wir mit ihnen INteragieren wollen, müssen wir uns in ihre Welt begeben. Wir müssen einen Platz im Keller finden. Dort können wir uns mit ihrem Leben und ihrer Kultur verbinden. Dort wird ihr »Leiter« ihr »Freund«. Dort machen wir sehr oft »nichts Besonderes«. Das ist »ihre Welt«.

Sehr oft wollen wir, dass die Leute in unsere Welt kommen. Wir versuchen, unser Leben, unsere Sehnsüchte und unsere Ansichten zu vermitteln – nach unseren Regeln. Wir glauben, dass unsere Welt so begehrenswert ist, dass alle zu uns kommen wollen. Wir müssen die Wegbeschreibung zu ihrem Keller entdecken. Das ist der Ort, wo sich ihr wirkliches Leben und ihre Kultur abspielen, und dort muss echte INteraktion stattfinden.

In unserer »Erdgeschoss-Welt« sprechen wir oft eine unbekannte Sprache, stellen unausgesprochene Anforderungen und hegen unausgesprochene Hoffnungen. Wer sich uns auf unserem Erdgeschoss anschließt, INteragiert nach unseren Regeln. Aber die, die im »Keller« leben, haben eine ganz andere Sprache, andere Anforderungen und Hoffnungen.

Wie bei allen interkulturellen INteraktionen müssen wir *ihre* Sprache, Kultur und Gebräuche lernen, *ihre* Anforderungen entdecken und herausfinden, welche Hoffnungen *sie* motivieren.

Es ist Zeit, die Zugbrücke herunterzulassen und unsere Beziehung mit Menschen auf anderen Ebenen zu vertiefen. Wir müssen geduldig warten, bedingungslose Liebe anbieten und eine sichere Atmosphäre schaffen. INteraktion ist wie eine Vorder- und Hintertür, die aufgeht und Menschen auf deine Ebene lässt, aber auch raus und in ihren »Keller«, den Ort, an dem sie leben.

9. Ein kreativer Moment

Unser Leben ist voll von Momenten und Verbindungen, wie unsere Museen, die mit unbezahlbaren Kunstwerken gefüllt sind. Ganz selten entsteht ein Kunstwerk von ganz allein. Zahllose Tage und Nächte sind nötig, um aus der Mischung von Farben, Leinwand und Holz da Vincis »Das Letzte Abendmahl« werden zu lassen. Es dauert Wochen, Monate und haufenweise Steinsplitter, bis Michelangelos »David« erscheint.

Genauso ist das mit ConneXellence: Es ist eine Kunst! Wir umgeben uns täglich mit der Kunst des Verbundenseins. Es ist eine Fertigkeit, die Zeit, Geduld und Planung erfordert.

Denk einmal an jemanden, der die »Beziehungs-Kunst« beherrscht, den du bewunderst. Jemand, den du beobachtetest, wenn er spricht, zuhört, Rat gibt, spielt oder eine Vorstellung gibt. Warum bewunderst du sein Wirken? Warum schätzt du seine hervorragenden Beziehungen zu anderen Leuten? Warum wünschst du dir, dass einige seiner Fähigkeiten auf dich abfärben? Du wirst durch nichts jemals mehr zu dir selbst werden, als du es jetzt schon bist.

Es ist Zeit, dass du lernst, andere zu schätzen, aber dich selbst zu akzeptieren und deine eigenen, individuellen Fähigkeiten zu verfeinern.

Denk einmal über dich selbst nach.

- Liebst du es, dich mit anderen zu unterhalten?
- Macht es dir Freude, andere zu beeinflussen?
- Scheust du vor größeren Menschengruppen zurück und bevorzugst stattdessen ein ruhiges Gespräch in der Ecke?
- Ziehst du es vor, den Bedürfnissen anderer zu dienen?
- Ist es dein tiefster Wunsch, anderen zu helfen, sich zu verbessern?
- Hilfst du gerne anderen, sich zu organisieren?
- Tust du Dinge, um deine Liebe zu zeigen?
- Kannst du gut zuhören?
- Hilfst du anderen, ihre Ziele zu erreichen?
- Säst du Hoffnung, wo du auch hingehst?

Egal, wie du persönliche Beziehungen herstellst, du kannst und solltest es zu einer Kunst machen. INteraktion mit anderen geschieht auf ganz unterschiedliche Art und Weise. Gott schuf in uns Möglichkeiten. Man kann nie alle über einen Kamm scheren, aber alle können voneinander profitieren.

Beginne die Entwicklung deiner Fertigkeiten damit, dass du dich selbst genau beobachtest. Wer bist du und was liebst du? Was sind deine Hobbys und welche Art INteraktion erwartest du von anderen? Ist jeder ein Maler? Ist jeder ein Bildhauer? Ist jeder ein Designer? Ist jeder ein Ingenieur? Bringt jeder Kinder zur Welt? Kann jeder lustig sein? Eben! Sei du selbst. Aber stelle die bestmöglichen persönlichen Beziehungen her.

Am Anfang schuf Gott Himmel und Erde, und du weißt nichts weiter über diesen Gott, außer dass er kreativ ist. Er ist ein Künstler. Er sagt: »Ich schaffe Menschen und sie sind mein Ebenbild.« Gott glaubt, dass wir alle Künstler und Künstlerinnen sind, ob du es glaubst oder nicht. Jeder ist von Gott geschaffen und wir alle sind kreativ. Jetzt sind wir so richtig in Fahrt gekommen! Aber das ist ein Thema für ein ganz anderes Buch – wir wollen uns im Moment nicht selbst vorgreifen.

Jetzt ist es Zeit, dass du entdeckst, welche Beziehung zwischen deiner Version von Gottes Charakter und anderen Menschen besteht. Vergleiche niemals Kunstwerke oder Künstler miteinander. Mach aber jede Beziehung zu einem Kunstwerk, auch wenn es länger als Tage, Wochen oder Monate dauert.

Bitte beende diesen Moment damit, dass du rufst: »Ich bin ein Beziehungskünstler!«, wenn du so wie Suzie bist. Wenn du mehr wie Dan bist, kannst du dich in deinem Stuhl zurücklehnen, die Arme vor der Brust verschränken, lächeln und sagen: »Ich bin ein Künstler der Beziehungen!« Egal wie, tu es und dann geh und schaffe deine Momente.

10. *Leben für den Moment*-Café: Woher kommt diese Generation?

Willkommen im *Leben für den Moment*-Café, einem Eckcafé, in dem jede Generation zu einer Tasse Kaffee eingeladen ist und eine

Lebensgeschichte mit anderen teilen kann. Nimm dir einen Stuhl und genieße den Moment.

Heutzutage wird sehr viel über die nächste Generation geschrieben und es werden viele positive und negative Vergleiche angestellt. Es wird viel gesagt, aber es gibt wenig Verständnis. Es gibt eine »Welt der Vergangenheit«, die noch sehr lebendig ist, und eine »Welt der Zukunft«, die direkt vor uns liegt. Verwirrung entsteht, weil wir in der »Mischung von heute« leben.

Als wir Kinder waren, gab es drei verschiedene Heißgetränke: Kaffee, Kakao und Tee. Eins war für Erwachsene, eins für Kinder und eins für diejenigen, die keinen Kaffee mochten. Heutzutage ist es fast unmöglich, einfach eine Tasse Kaffee, Kakao oder Tee zu bestellen. Möchtest du Espresso, Latte, Java, koffeinfrei oder eine Mischung? Sollen die Kaffeebohnen aus Kolumbien, Arabien, Äthiopien, Frankreich, dem Yukon oder von der Goldküste kommen – oder darf's eine Mischung sein? Magst du lieber Bio, heiß, kalt, Nuss-, Vanille-, Pfefferminzgeschmack oder eine Mischung? Tee gibt es mittlerweile in allen möglichen Arten, Gerüchen, Farben und Geschmacksrichtungen. Es gibt sie sogar alle zusammen in einer Eisteemischung.

Glaub nur nicht, dass diese Generation keine Entscheidungen treffen kann! Das Leben ändert sich so rasend schnell für sie, dass das »Menü des Moments« immer nur mit Kreide geschrieben ist. Entscheidungen werden kurzfristig getroffen. Wenn die Wartezeit zu lang ist, taucht eine neue Geschmacksrichtung auf der Tafel auf und sie müssen von vorn anfangen.

Veränderung ist einer der Hauptgründe dafür, dass wir uns mit der »Welt der Zukunft« »mischen« müssen.

Der Kulturunterschied der »Welt der Vergangenheit« und der »Welt der Zukunft« ist groß. Die »Welt der Vergangenheit« hatte oft eine sehr starke Bindung an die Familie. Jeder wusste, wer das Sagen hatte, und die Regeln, Tabus und Kulturgrenzen wurden selten überschritten, jedenfalls in der Öffentlichkeit. Die »Welt der Zukunft« ist oft von der Familie entkoppelt. Ihre Bewohner versuchen, einem »Stamm« oder mehreren Stämmen anzugehören. Es ist entweder ihre eigene Entscheidung oder sie werden aufgrund von Fähigkeiten, Aussehen, Lebensstil – oder deren offensichtlichem Fehlen – einem

Stamm zugeordnet. Der Veränderungsprozess, ob er Jahrzehnte, Jahre oder nur Monate andauert, scheint einer Route zu folgen, die sie immer wieder neu zum persönlichen Erkunden und Entdecken des Lebens bringt.

Die Veränderungen, die sie erfahren, beginnen meistens mit einer Krise in der Familie, mit Freunden, in ihrer Gemeinschaft oder in der Welt. Die Veränderung fordert sie erst dazu auf, das Unbekannte zu erkunden, das Land jenseits der Regeln, Tabus und Kultur. Sie pflücken die verbotene Frucht, verlassen den Garten und entdecken eine Menge. Dabei aber verlieren sie ihre Unschuld – für immer! Ihre Augen sind nun offen. Sie können jetzt Dinge sehen, die im Fernsehen laufen, in Büchern, Medien, Internet und Musik erklärt werden und denen sie vorher nicht ausgesetzt waren. Sie haben es gesehen und die Welt wird nun mit anderen Augen betrachtet.

Vom »Verlust der Unschuld« ausgehend reisen sie weiter und verlassen dabei oft mutig die »Autorität«, die einst von Familie, Schule, Kirche und der Gemeinschaft ausging. Sie erkunden, wie es ist, die Regeln für ihr eigenes Leben zu gestalten. Sie machen sich selbst zum Boss ihres Lebens. Dabei entdecken sie viel Freiheit, aber wenig Sicherheit. Das Leben ist schwierig und sie bleiben oft zwischen Unabhängigkeit und Rebellion stecken. Oft verlieren sie diejenigen, die ihr Leben leiten und ihnen helfen könnten, Grenzen zu setzen, und ihre Fragen zu beantworten. Sie haben ihre Autoritätsperson verloren.

Sie stehen da mit großen Augen (Verlust der Unschuld), allein und für sich selbst verantwortlich (Verlust der Autoritätsperson) und sie beginnen das zu erkunden, wonach sie in der Vergangenheit nie suchen mussten: Liebe! Liebe als Charakterzug beginnt sich zu ändern. Liebe wird in einem neuen Licht gesehen. Für viele junge Leute der neuen Generation bekommt Liebe eine neue Bedeutung. Oftmals bedeutet Liebe keine echte Bindung, sondern ist ein Spiel. Sex ist freier und die Jugend experimentiert damit. Normalerweise ist die Suche nach Liebe ganz anders als die Liebe, von der sie träumen. Sie haben die Freiheit, sich dem auszusetzen, was nach Liebe aussieht. Sie versuchen zu erklären, was sie unter Liebe verstehen und sie erwarten, geliebt zu werden. Oft entdecken sie, dass mehrere unvergessliche

Momente in der Summe keine Liebe hervorbringen. Es bleiben ihnen schmerzhafte Erinnerungen und sie haben niemanden, der ihnen helfen kann, das zu finden, wonach ihr Herz sich sehnt. Sie haben die Liebe verloren.

Dann beginnen die Mauern der Erwartungen zu bröckeln, und wie der verlorene Sohn glauben sie nicht, dass sie nach Hause zurückkehren können. Wegen der verlorenen Unschuld wollen sie noch mehr erkunden und niemand steht ihnen nahe genug, um ihnen den Weg zu weisen und neue Grenzen zu setzen.

Sie tauschen ihre Suche nach »Liebe« gegen die Suche nach »Hoffnung«. Hoffnung ist etwas, was uns antreibt. Aber wenn sich unsere Sicht von Unschuld, Autorität und Liebe verändert – dann sucht die Hoffnung ein neues Fundament. Was auf der Welt, nah oder fern, macht das Leben lebenswert? Was bleibt noch zu erkunden, wenn keine Liebe zu finden ist? Sie beginnen, materielle Güter, politische und soziale Ideen, Berufe und Religionen zu erkunden. Sie strecken ihre Hände nach der Hoffnung aus, aber sie rinnt ihnen wie Wasser durch die Finger und versickert im Sand. Hoffnungsvoll wird zu hoffnungslos. Sie haben die Hoffnung verloren.

Wohin können sie sich wenden? Was ist übrig, wenn die Büchse der Pandora leer ist? Glaube! Normalerweise ist der Glaube der letzte Lebens-Strohhalm, nach dem man greift. In der Verzweiflung scheinen Menschen sich automatisch dem Glauben zuzuwenden. Auf wen oder was kann man noch vertrauen? Ist der Glaube glaubwürdig? Wenige vertrauen ihrer Regierung, die viele Versprechungen macht, aber wenig direkten Bezug zu ihrem Leben hat. Wenige vertrauen ihrer Arbeitsstelle; sie haben zu viele kommen und gehen sehen und zu viele Geschichten gehört. Wenige vertrauen ihrer Religion, weil es zu viele Skandale, Heuchler und einen offensichtlichen Mangel an Spiritualität gibt. Wenige vertrauen sich selbst. Der Glaube an das Leben, die Menschen und Gott verdunsten genau wie Hoffnung, Liebe, Autorität und Unschuld.

Dann stehen sie inmitten ihrer großen Verluste und fragen sich: »Wer bin ich?« Immer wieder fragen sie sich nach dem Sinn des Lebens. Ihr Drang selbstständig zu sein zerbröckelt. Ihre Reise endet und sie sehnen sich danach, »Individualität« gegen »Gemeinschaft« einzutauschen. Wieder sehnen sie sich danach, zu etwas oder jemandem zu gehören. Mit wem sie sich umgeben bestimmt nun, wer sie sind. Ihre innere und äußere Identität schreit nicht mehr »ich«, sondern »wir«. Sie sind bereit, ihre Individualität genauso wie ihre Unschuld, Autorität, Liebe, Hoffnung und Glauben zu verlieren, nur um dazuzugehören.

Es ist leicht gesagt, dass es unmöglich ist, diese Mischung aus »Welt der Vergangenheit« und »Welt der Zukunft« zu überbrücken. Es ist zu heiß und kalt, schwarz und weiß, koffeinfrei und koffeinhaltig. Diese Ansicht ist genau der Grund, warum wir INteragieren müssen. Deshalb müssen wir an ihrem Leben teilnehmen. Es geht um sehr viel mehr, als nur eine Botschaft zu vermitteln oder eine Bestellung auszuführen. Diese Generation sucht offen nach dem Verlorenen. Egal wie alt Menschen sind, welchen ethnischen Hintergrund sie haben oder was ihre Philosophie ist, die junge Generation steht ihnen allen offen gegenüber, wenn sie nur bereit sind, in die »Welt der Zukunft« zu reisen und sich um sie zu kümmern. Was, wenn der Glaube, die Hoffnung, die Liebe, die uns verblieben sind, etwas in ihnen wieder entfachen können? Was, wenn wir als Anhänger Jesu ein Leben zeigen können, das Freiheit und Autorität gleichzeitig beinhaltet? Es ist Zeit, die kalte Tasse der Kritik abzustellen und eine heiße Tasse mit Gesprächen zu servieren.

Danke, Ron Hutchcraft, dass du uns geholfen hast, diese Veränderungen zu sehen, und danke, Teens und Teen-Mitarbeiter in aller Welt, dass ihr uns diese Veränderungen durch viele Momente der INteraktion nähergebracht habt.

11. Ein Moment Pause: Was sagt diese Generation?

Jede Generation hat ihre eigene Stimme. Einige hören diese Stimme, machen halt, hören zu und lernen. Einige steigen in vermeintliche Gespräche mit einer vorgefertigten Meinung ein. Diese vorgefertigte Meinung heißt dann »meine Erfahrung«, »vorgeschriebene Botschaft« oder »alte Antwort auf alle Fragen«. Einige hören nie eine junge Stimme und marschieren einfach weiter.

Dieser Moment wurde mit der Hilfe junger Menschen aus der ganzen Welt geschrieben. Er ist ihre Stimme – bitte halte an, nimm sie zur Kenntnis und höre zu! Es ist Zeit, mit diesen jungen Menschen zu INteragieren.

Beziehungen

Vor allem versuche nicht, eine Beziehung zu mir aufzubauen. Beziehungen gibt es zwischen Jungen und Mädchen, sie halten selten und verursachen oft sehr viel Schmerz. Versuche, eine Freundschaft mit mir aufzubauen, denn ein Freund oder eine Freundin bleibt für eine lange Zeit.

Erst einmal zeigst du mir am besten, dass dir unsere Freundschaft wichtig ist. Das heißt, du musst Zeit mit mir verbringen. Ich stehe immer in Verbindung mit meinen Freunden/Freundinnen. Sie sind in meiner Schule, bei mir zu Hause, am Telefon, online und immer in meinen Gedanken. Ich lebe, denke und agiere in Gemeinschaft, aber meine Entscheidungen gehören mir. Manche Leute denken, meine starken persönlichen Beziehungen zu meinen Freunden/Freundinnen reduzieren, wer ich als Mensch bin. Das stimmt nicht. Meine Freundschaften helfen mir, mich besser kennenzulernen. Unsere täglichen INteraktionen zeigen mir, wo wir uns unterscheiden oder ähnlich sind.

Wenn du mit mir INteragierst, wenn du meine Welt betrittst, zeigst du mir, dass ich dir wirklich wichtig bin. Ich möchte dir wichtig sein. Ich möchte eine Freundschaft. Manchmal ist es zu schwer für mich, zu dir zu kommen, und dich in meine Welt zu lassen, erfordert Zeit. Ich habe keine Mauer errichtet, nur einen Zaun. Es ist ein Zaun, der mich beschützt. In deiner Welt gibt es viel, wovor ich Angst habe und das ich als unfreundlich empfinde. Ich komme so schnell nicht heraus. Aber wenn du in mein Leben treten willst, baue bitte eine Freundschaft zu mir auf und ich werde das Tor öffnen. Ich würde dich gern reinlassen!

Vertrauen

Ich habe meine eigene Gemeinschaft, oder genauer gesagt, mehrere Gemeinschaften, in denen ich mich wohlfühle. Ich fühle mich nicht immer in allen gleich wohl, aber sie akzeptieren mich. Ich habe das Gefühl, dass ich von ihnen geliebt werde – na ja, vielleicht nicht direkt geliebt, aber ich gehöre dazu. Das ist meine sichere Gruppe, mein sicherer Ort. Ich habe das Gefühl, ich kann in ihrer Gesellschaft »ich« sein, weil sie mir geholfen haben, mein »Ich« zu formen. Wenn ich dir vertraue, wenn du deine wahren Absichten zeigst, kann ich dich in meine Welt lassen, in mein Leben.

Sicherheit

Ich fühle mich nicht immer sicher. Es gibt so viele Bereiche in meinem Leben, in denen ich mich nicht sicher fühle. Oft kommen diese Gefühle, wenn ich mit meiner Familie zusammen bin oder in der Schule oder wenn ich mit Leuten zusammen bin, die nicht zu meiner »Welt« gehören. Oft habe ich dieses unsichere Gefühl, wenn ich in der Kirche bin, weil ich nicht weiß, was alle von mir erwarten. Ich muss wissen, dass ich, wenn ich mit dir INteragiere, sicher bin. Ich muss wissen, dass, wenn ich mit dir rede, mein Leben, meine Gefühle, meine Gedanken, mein Schmerz und meine Träume von dir vertraulich behandelt werden. Also sei vorsichtig.

Glaubwürdigkeit

Es ist heutzutage nicht einfach, echt zu sein, aber es ist sehr wichtig. Ich will keine Beziehung zu dir oder irgendjemand anderem, der nicht glaubwürdig ist im Umgang mit mir. Sei du selbst, zeig mir dein »wirkliches Ich«, nimm deine Maske ab und sei natürlich. Ich habe auch Masken. Ich kann und werde meine Maske schnell anlegen, wenn diese INteraktion nur ein Spiel ist. Ich will authentisch sein und dir meine wahre Persönlichkeit zeigen. Aber kannst du den Anfang machen und authentisch sein und mir ein mutiges Vorbild sein, damit ich sehen kann, wie mein Leben aussehen könnte? Bitte täusche mir nicht vor, dass ich dir wichtig bin oder dass du INteresse an mir hast, wenn ich nur eine Nummer auf deiner Aufgabenliste bin – ich werde es merken. Habe bitte nicht das Gefühl, dass ich dich bitten werde, dich zu ändern oder mit mir zu INteragieren. Sei du selbst und fühle dich wohl in deiner Haut. Wenn mir gefällt, was ich sehe, wirst du mehr von mir zu sehen bekommen.

12. Nur einen Moment Zeit? – Abkürzung INteragieren

Okay, du hast nicht viel Zeit und du willst direkt zur Sache kommen. Wie springst du direkt in die INteraktion?

Die beste Botschaft der Welt hat keinen Wert ohne eine persönliche Beziehung. Es fängt alles mit einer INteraktion an. Du kannst auf viele verschiedene Weisen INteragieren, aber du musst INteragieren. Jesus hat immer mit den Menschen INteragiert. Daher INteragierten die Leute mit ihm. Er hatte die wichtigste Botschaft der Welt und nur wenig Zeit, aber er hat trotzdem INteragiert. Deine Botschaft ist sehr wichtig – du hast keine Zeit, *nicht* zu INteragieren!

INteraktion verbindet dich mit deinen Zuhörern.

INteragieren – Wer? Mit wem versuchst du, dein Leben, deine Botschaft und deinen nächsten Moment zu verbinden? Willst du demjenigen nur etwas übergeben oder möchtest du auf eine Reise gehen – mit ihm gemeinsam?

INteragieren – Wo? Wo bist du? Steht ihr zu zweit da, sitzt du mit mehreren zusammen oder bist du in einem Publikum von Menschen umringt? Wo sind die anderen mit »Leib«, »Seele« und »Geist«? Wo kommen sie her und wo wollen sie hin? Um mit der ConneXellence zu beginnen, deiner nächsten hervorragenden Beziehung mit einem, mehreren oder einem ganzen Publikum, musst du eine persönliche Begegnung und einen Austausch schaffen.

INteragieren – Was? Was ist diese persönliche Begegnung und der Austausch? Es ist der Schritt über die »Welt der Vergangenheit« hinaus in ihre »Welt der Zukunft«. Du musst in ihrer Zeit und ihrem Raum glaubwürdig sein. »Wer du in diesem Moment bist« ist wichtiger als »warum du in diesem Moment bist«. Dein gegenwärtiges Leben, deine INteressen, deine Anliegen, deine Geschichte, deine Leidenschaft und dein Fokus müssen menschliche Begegnungen anregen. Du musst dich mit deinen Zuhörern verbinden. Vertrauen, Sicherheit, Glaubwürdigkeit und Freundschaften bewegen deine Zuhörer – die Menschen in diesem Moment – dazu, äußerlich oder innerlich zu reagieren. So findet ein Austausch statt. Zwei Welten werden für einen Moment eins. Eine INteraktion ist entstanden.

INteragieren – Warum? Warum ist es so wichtig, dass INteraktion entsteht? Warum verlangt diese Generation so viel? Ihre »Welt der Zukunft« hat sich gewaltig verändert. Sie ist überhaupt nicht wie die »Welt der Vergangenheit«, ihrer Eltern oder die Welt, in der du vielleicht aufgewachsen bist. Junge Leute haben ihre Unschuld verloren. Ihr Verständnis von Autorität, Liebe, Hoffnung und Glauben ist erschüttert worden, wenn nicht sogar verloren gegangen. Sie entscheiden sich dazu, einen Ort oder eine Gruppe zu finden, wo sie dazugehören können. Ihnen ist Individualität nicht so wichtig wie Gemeinschaft. Wenn du nicht bereit bist, in ihre Zeit und ihren Raum einzutreten, werden sie dir auch keine Zeit und keinen Raum in ihrem Leben einräumen. Das schließt jeglichen Raum für die wichtige Nachricht, die du zu überbringen hoffst, mit ein.

INteragieren – Wie? Wie können Menschen aus einer bestimmten Generation, Kultur und Denkweise in eine andere Welt eintreten? Nur als Lernende. Es gibt keine Experten mehr. Sie sind aufgrund rasender globaler Veränderungen ausgestorben. Heutzutage überleben nur die Entdecker. Wir treten zwischen die Welten mit Fragen ohne Antworten, neuen und alten Geschichten und einem brennenden Verlangen, neue, unbekannte Sprachen, Kulturen und Anschauungen von den Eingeborenen zu lernen. Unser INteresse an ihrer Welt öffnet Türen der Neugier zurück in unser Leben und unsere Welt. Wir enden in der »Mischung von heute« zwischen der »Welt der Vergangenheit« und der »Welt der Zukunft«. Wir INteragieren von unserem jetzigen Standpunkt aus. Wann? Egal wann! Heute! Morgen! Wann immer du entdeckst, dass du, wo du sitzt oder stehst, von einem Moment umgeben bist. Steh nicht rum – INteragiere! Am Rande jedes Moments wartet eine Gelegenheit. Also, erkunde das Leben, enthülle das Leben und lebe ConneXellence!

Im Moment 13 stellen wir 25 Arten der INteraktion bereit. Das *Duzie-Museum der Kunstmomente* zeigt, erkundet und entdeckt Ideen und vielleicht passen einige davon am besten für deinen nächsten Moment. Füge neue Arten der INteraktion zu deiner eigenen Liste hinzu.

Nimm dir Zeit und mach Platz für unvergessliche Momente und beginn mit einer menschlichen Begegnung oder einem Austausch.

13. Das Duzie-Museum der Kunstmomente präsentiert: 25 kreative Wege zu INteragieren

Unten stehen 25 Exemplare aus unserem persönlichen Kunstmuseum der Geschichte. Du fragst dich vielleicht, ob wir sie alle ausprobiert haben – ja, und sogar noch mehr. Die meisten haben wir mehr als einmal eingesetzt. Manche funktionieren gleich beim ersten Versuch und andere brauchen mehr Übung. Sie eignen sich nicht für jeden. Falls du unter den ersten 25 nichts finden kannst, haben wir noch mehr zur Auswahl. Wir hoffen, dass du dich an jedem Moment erfreust und so bald wie möglich beginnst, hervorragende Beziehungen zu schaffen.

1. *Erzähle eine persönliche Geschichte* – Beginne mit »Ich erinnere mich an eine Situation, als …« oder »Letzte Woche, als ich einkaufen war …« Eines deiner größten Güter bist du selbst. Sich mitzuteilen ist eine großartige Art zu INteragieren.
2. *Sprich über ein merkwürdiges Bild* – Es gibt komische Bilder auf Postkarten, in der Zeitung und überall im Internet. Such eins aus und steck es in deine Tasche oder Handtasche. Wenn sich die Gelegenheit dazu bietet, frage jemanden, worum es seiner Meinung nach in dem Bild geht. Sprecht darüber, welche Bedeutung die andere Person in dem Bild sieht.
3. *Stelle eine offene Frage* – Wenn du kein komisches Bild hast, kein Problem! Stelle einfach eine Frage, die sich nicht mit »ja« oder »nein«, »nicht sicher«, »vielleicht« beantworten lässt. Wie wär's mit einer von diesen:
   - Wenn du die Wahl hättest, wen würdest du gerne kennenlernen und warum?
   - Welcher Film, der gerade läuft, ist deiner Meinung nach der beste und warum?
   - Was hast du diese Woche gemacht?
   - Was ist heutzutage das größte Problem in der Welt?
   - Wie ist es dir heute ergangen?
4. *Erzähl einen Witz* – Wenn du gut Witze erzählen kannst (wie Dan), erzähle einen, wenn sich die Gelegenheit ergibt. Wenn

du nicht gut Witze erzählen kannst (wie Suzie), übe (oder gehe weiter zu Nummer 5).

5. *Versuch's mit einer Denkaufgabe* – Es gibt viele Gedankenrätsel. Macht eins gemeinsam oder fordere eine Person heraus. Wir machen das oft mit Sudokus (sieh zu, dass der Schwierigkeitsgrad angemessen ist).
6. *»Wetten, du kannst das nicht«* – Das sind Herausforderungen, die sich leicht anhören, aber aufgrund der Einschränkungen des menschlichen Körpers unmöglich sind. Wirf doch mal einen Blick in das Buch »Ich wette, dass…« von Vicki Cobb.[2] Hier ist etwas, das du gleich ausprobieren kannst: Küsse deinen eigenen Ellbogen. Unmöglich, obwohl es anscheinend ganz leicht ist.
7. *»Wetten, du kannst das«* – Das sind ähnliche Probleme, die unmöglich erscheinen, aber man ist selbst überrascht, wenn sie doch funktionieren. Schau hierzu doch mal in das Buch »Ich wette, dass…« von Vicki Cobb.
8. *Diskutiere über einen aktuellen Film* – Das ist einfach. Was läuft gerade im Kino? Frag, was die anderen mögen und was nicht. Einige Leute werden dir eine komplette Kritik liefern. Einfach darüber zu sprechen, ist schon eine großartige INteraktion (du musst gar nicht zustimmen oder widersprechen).
9. *Führe einen Zaubertrick vor* – Das macht Dan am liebsten. Du musst den anderen nicht in der Mitte durchschneiden oder herumschweben lassen. Fange mit einem Gummibandtrick an oder mit dem Büroklammertrick. Die sind faszinierend und du kannst sie anderen beibringen. Wenn du ein paar von diesen Tricks lernen willst, schau auf unsere Website unter http://duzie.com. Dort erklärt Dan die Tricks.
10. *Bring jemandem bei, einen Tierluftballon zu machen* – Wir nennen sie »Freundemacher«. In einem kurzen Moment kannst du einen Gummiwurm in einen Pudel, eine Blume oder ein Motorrad umwandeln (o.k, das dauert vielleicht ein wenig länger). Wenn du INteresse an den Ballontricks hast,

2 Vicki Cobb/Cathy Darling, *Ich wette,* dass… du einen Pfennig, den du zwischen 2 Fingern hältst, nicht fallen lassen kannst! Und 66 weitere verblüffende Tricks. Ravensburg: Maier, 1983.

schau auf unsere Website http://duzie.com für eine kostenlose »Ballonstunde«.

11. *Hand-Puzzle* – Deine Hände hast du hoffentlich immer bei dir! Oder wenn nicht, dann böte diese Tatsache an sich schon eine großartige Puzzle-Aufgabe. Versuch mal Folgendes: Kreuze deine linke Hand über die rechte und verflicht deine Finger. Jetzt zieh deine Hände an dich und dreh dabei die Handrücken zu deinem Körper. Lass jemanden einen deiner Finger aussuchen und heb diesen dann an. Dann den nächsten und so weiter.
12. *»Bop-It«* – Wechselt euch bei einem Spiel ab, wie zum Beispiel »Bop-It«. Das gibt es im Spielwarenladen oder übers Internet. Es ist ein seltsam geformter Gegenstand, den du in der Hand hältst und der dir Befehle gibt. Du versuchst, die Befehle auszuführen, indem du den rechten Teil des Spiels im richtigen Rhythmus berührst. Wenn du es verpasst, scheidest du aus. Das ist ein super INteraktions-Mittel für zwei oder für eine ganze Gruppe. Es macht genauso viel Spaß zuzuschauen wie zu spielen. Ein ähnliches Spiel ist »Simon Tricks« (auch übers Internet erhältlich). Nur zum Spaß: Geh einfach durch einen Spielzeugladen und schau, wie viele INteraktive Sachen du finden kannst.
13. *Lieblingsfarbe* – Frage die Person, mit der du INteragierst, was ihre Lieblingsfarbe ist. Leute sprechen gerne über sich selbst. Diese Frage ist nicht so eindringlich und verschüchtert nicht so schnell, besonders in einer Gruppe. (Übrigens ist die Lieblingsfarbe der meisten Teenager »blau« – vielleicht kommst du ja auch zu anderen Ergebnissen.)
14. *Erkenne die Melodie* – Das ist gut für Musikliebhaber und kann gut mit einem MP3-Player gespielt werden, der an Lautsprecher angeschlossen ist. Spiele den Anfang eines Songs. Wer zuerst den Titel des Songs oder den Namen des Musikers errät, gewinnt. (Man kann auch Punkte für jede richtige Antwort geben, wenn man über mehrere Runden spielt).
15. *Soundeffekte* – Eine Variante von »Erkenne die Melodie« kann mit Geräuschen gespielt werden. CDs mit Soundeffekten sind überall erhältlich. Du kannst auch deine eigenen Soundeffekte aus dem Internet herunterladen. Hör dir die Geräusche an und

rate, wo du bist oder was du hörst. Es macht Spaß, den Gehörsinn zum INteragieren zu nutzen.

16. *Bring anderen Jonglieren bei* – Das kann man mit Schals, Marshmallows, Jonglierbällen usw. machen. Manche lernen das sehr schnell, andere brauchen etwas länger. Wenn du ernsthaft jonglieren lernen willst, dann schau doch mal im Internet nach einem Online-Video.
17. *»Gib mir fünf«* – Das ist eine ganz einfache Art zu INteragieren. Teenager erfinden oft ihre eigenen Begrüßungen, wie zum Beispiel Varianten von »Gib mir fünf«. Lass jemanden aus der Gruppe, der das gut kann (vielleicht bist du das sogar), eine neue Begrüßung vorführen. Gib allen die Gelegenheit, die Runde zu machen und die Begrüßung auszuprobieren.
18. *Bring anderen einen Seiltrick bei* – Das benutzen wir, weil es einzigartig ist. Du brauchst ein paar armlange Stricke (Schnürsenkel eignen sich auch gut). Zeige, wie man einen »einhändigen Knoten«, einen »schnellen Knoten« oder den »unmöglichen Knoten« macht. Schau dir mal unser Video-Demo unter http://duzie.com an.
19. *Kaugummi-Blasen-Wettbewerb* – Gib allen ein Stück Kaugummi in die Hand. Auf Signal müssen alle ihr Kaugummi auswickeln (wenn es verpackt ist) und in den Mund stecken. Wer zuerst eine Blase bläst, die größer als eine Murmel ist, gewinnt. Du brauchst einen Schiedsrichter, der die erste erfolgreiche Blase sieht. Ermutige den Rest der Gruppe weiterzumachen, bis jeder Erfolg hat. Feiert alle Bubble-Bläser!
20. *Lakritzstangen-Wettbewerb* – Dies ist so ähnlich wie Kaugummi-Blasen, aber mit weichen Lakritzstangen. (Suzie gewinnt diesen Wettbewerb meistens.) Wähle ein paar Vertreter aus deiner Gruppe (wenn die Gruppe klein genug ist, können alle mitmachen). Gib jedem eine Lakritzstange in die Hand. Stelle sie so hin, dass jeder gut zu sehen ist. Wenn alle bereit sind, müssen sie ein Ende der Lakritzstange zwischen die Lippen nehmen. Erkläre ihnen, dass die Hände bei diesem Wettbewerb nicht benutzt werden dürfen. Auf Signal versuchen alle, die Lakritzstange in den Mund zu ziehen. Dabei darf nur der Mund

benutzt werden. Wer es zuerst schafft, muss beide Hände zum »Victoryzeichen« erheben. Ermuntere den Rest weiterzumachen. (Ihr braucht unbedingt Schiedsrichter, damit ihr genau seht, wer Erster, Zweiter usw. ist.) Das ist ein super Spiel für die, die gerne alle Blicke auf sich gerichtet haben, aber es macht auch Spaß zuzuschauen.

21. *»Simon sagt«* – (Dan ist der Meister dieser INteraktion.) Simon ist der Leiter. Alle anderen müssen das tun, was Simon sagt, wenn er den Satz mit »Simon sagt ...« beginnt. Wenn Simon sagt: »Simon sagt, spring«, müssen alle springen. Wer nicht springt, scheidet aus. Wenn aber Simon nur sagt: »Spring«, springen die Mitspieler nicht. Wer springt, scheidet aus. Simons Aufgabe ist, alle so schnell wie möglich zum Ausscheiden zu bringen. Die anderen Spieler versuchen, so lange wie möglich im Spiel zu bleiben. Wer als Letzter Simons Befehle richtig ausführt, gewinnt.
22. *Papierflugzeug* – Gib jedem ein Stück Papier. Jeder hat eine begrenzte Zeit, um ein Papierflugzeug zu falten. (Lass ein paar Experten die Runde machen und denen helfen, die Schwierigkeiten haben.) Wenn die Zeit abgelaufen ist, stellen sich alle Schulter an Schulter in einer Reihe auf. Dann lassen alle nacheinander ihr Papierflugzeug fliegen. Das Flugzeug, das am weitesten fliegt, gewinnt. (Du kannst dem Gewinner/der Gewinnerin einen Preis oder ein Flugabzeichen geben.)
23. *Karten Werfen* – Das ist so ähnlich wie der Papierflugzeug-Wettbewerb, aber etwas zufälliger und einfacher zu organisieren. Alle können in einer Reihe stehen, damit es einfacher ist zu sehen, welche Karte am weitesten geworfen wurde. Oder du kannst eine Zielscheibe benutzen und wer das Ziel zuerst trifft, gewinnt. Das Ziel kann entweder auf dem Boden oder an der Wand sein. (Du solltest aber ein Kartenspiel nehmen, das du notfalls nicht mehr brauchst.)
24. *»Ich habe noch nie ...«* – Das Spiel erfordert, dass jeder ehrlich ist, damit du die Leute, mit denen du INteragierst, kennenlernst. Alle sitzen im Kreis auf einem Stuhl. Es ist ein Stuhl weniger da als Teilnehmer. Die übrig gebliebene Person steht in der Mitte des Kreises und beginnt jede neue Runde. Er oder sie beginnt

mit »Ich habe noch nie …«. Wenn das auf dich zutrifft, bleibst du auf deinem Stuhl sitzen. Wenn es nicht zutrifft, musst du aufstehen und einen neuen Stuhl finden. Die Person in der Mitte versucht auch, einen Stuhl zu finden. Wer übrig bleibt, kommt in die Mitte und beginnt die nächste Runde. Es können zum Beispiel Aussagen wie »Ich war noch nie ein Junge« benutzt werden. Dann müssen alle, die kein Junge sind, aufstehen und einen neuen Platz finden. Das ist super lustig, besonders wenn Leute Fehler machen oder du INteressante Sachen über jemanden erfährst. In dem Spiel werden viele Gefühle zum Ausdruck gebracht und es macht Spaß, etwas über andere zu erfahren!

25. *Miss die Körpertemperatur* – Warum nicht? Dann erfahrt ihr, wer richtig »heißblütig« ist und wer nicht!

Das ist eine Liste mit »25 kreativen Arten zu INteragieren«. Uns hat es so viel Spaß gemacht, die Ideen aufzulisten, dass wir kaum ein Ende finden konnten. Unten sind noch ein paar kreative Ideen aufgelistet, die wir ausprobiert, aber nicht in der obigen Liste aufgeführt haben. Viel Spaß beim Schreiben eurer eigenen Geschichten.

- Baut etwas mit Legos.
- Frage »Was, wenn ich … könnte?«
- Sprich über unbekannte Tatsachen.
- Sprich über einen komischen Traum.
- Schreibt ein Gedicht (jeder schreibt eine Zeile).
- Gebt euch die Hand und sagt eure Namen. Dann versucht, die Namen von allen Personen zu behalten (das wurde schon tausend Mal ausprobiert, ist aber immer noch eine gute Art zu INteragieren).
- Spielt »Mischt euch!« (Das ist ein Spiel, bei dem man über seine Vorlieben und Abneigungen spricht und Aktivitäten in kleinen Gruppen durchführt, dann wechselt man die Gruppe und alles fängt von vorne an.)
- Führt irgendeinen Gruppenwettbewerb durch (klatschen, Soundeffekte usw.).
- Führe eine Umfrage durch.

- Bring den anderen ein paar internationale Begrüßungen bei.
- Zeig einen Münzentrick.
- Spielt »Menschliche Skulpturen«: Du kannst dich als »menschliche Skulptur« vorstellen und es dann die anderen probieren lassen.
- Teile Popcorn aus – dieses sieht aus wie … (beschreibe die Form).
- Spielt »20 Fragen« (ein Spiel, bei dem ein Sachverhalt oder eine berühmte Persönlichkeit durch Ja/Nein-Fragen erraten werden muss).
- Zeige und beschreibe einen Gegenstand aus deiner Kultur, Familie oder aus deinem Haus.
- Zeige oder sprich über ein ungewöhnliches Hobby.
- Beschreibe ein Gemälde oder ein abstraktes Kunstwerk.
- Macht als Gruppe einen Regenschauer nach (rauschen, Regentropfen, Donner).
- Sprich über deinen Traumurlaub – oder wo du gern einmal hinreisen möchtest.
- Stapelwettbewerb (Karten, Tassen, Dosen usw.).
- Fingerhakeln.
- Beschreibe ein Kinderspielzeug, das du noch hast.
- INteraktives PowerPoint (Wenn du die Leinwand sehen kannst, klatsch einmal … Danke … Wir beginnen, indem wir die Person neben uns begrüßen – auf Suaheli … Danke … usw.).
- Sprich über deine Geheimnisse, Wünsche und Ängste.

14. Dein unvergesslicher Moment

Jetzt bist du dran mit dem Planen deiner nächsten ConneXellence-INteraktion. Wir wissen, dass du das alleine kannst, aber wenn du für den nächsten Moment etwas Hilfe brauchst, dann stell dir doch einmal die folgenden Fragen:

1. Ist dein nächster Moment zu zweit, mit mehreren oder mit einem ganzen Publikum?

2. Hast du Zeit, deinen Moment zum INteragieren vorzubereiten, oder werden die Begegnung und der Austausch spontan geschehen?
3. Ist in dem Abschnitt »25 kreative Arten zu INteragieren« eine Idee, die für dich und deine Situation brauchbar ist?
4. Wie viel Zeit brauchst du zum INteragieren? Setzt sich die INteraktion durch den ganzen Moment fort oder bringt sie dich zum INteressenpunkt?
5. Wie erkennst du, ob die INteraktion einen Verbindungspunkt geschaffen hat? Was ist dein Ziel? Willst du ein Lachen, einen Namen, ein Lächeln, eine Geschichte, eine Frage oder eine Antwort? Woher weißt du, ob der andere/die anderen dich über den Moment hinaus zu einer Begegnung einladen?

Schließlich noch ein kleiner Rat. Mach deine INteraktion nicht zu etwas, das du nur *tust*. INteraktion ist dein Leben! Sie ist dein Erkundungs-Moment. Sei du selbst! INteragiere nur so, wie es deinem Charakter entspricht.

Genieße den Moment und fang Fische!

15. Ein Duzie-Moment

Schließlich sind wir am Ende des Pfades angelangt, der von dem »Wegweiser INteragieren« angezeigt wird. Die Reise hat uns zu einem Entscheidungspunkt gebracht. Reisen wir weiter? Üben wir, was wir auf dem Weg gelernt haben? Machen wir INteraktion in den Momenten, die vor uns liegen, zur Priorität?

Wir waren einmal mit einer Filmcrew in Taiwan. Wir hatten alles Nötige gefilmt und versammelten uns am Flughafen, um nach Hause zu fliegen. Alle hatten zu viel Gepäck und der Berg auf dem Fußboden bewies, dass unser Übergewicht aus etlichen Requisiten- und Kamerakisten bestand.

In unserem Budget war kein Geld für übergewichtiges Gepäck, aber in unserem Gepäck hatten wir Ballons. Dan nahm einen heraus, zwischen all den bewaffneten Wächtern, den Mädchen, die auf Notizbrettern schrieben, und ein paar wichtigen Männern mit Krawatten. Der Ballon überraschte alle. Wenig später hielt Dan einen durchsichtigen Pudel in der Hand. Suzie gab ihn einem Notizbrett-Mädchen und eine weitere Schöpfung wurde geboren. Innerhalb weniger Minuten hatten die Waffenträger Luftblumen, Bären, Hüte, Schwerter und Mäuse in der Hand. Zweiundzwanzig Männer und Frauen in Uniformen und Röcken hielten Ballons und lächelten.

Wir konnten nicht gut kommunizieren, aber wir hatten gut INTeragiert. Dann wurde unser Flug aufgerufen. Wir fragten uns, wie viel wir wohl bezahlen mussten. Die Wächter wurden von denen mit Krawatten und Notizbrettern angewiesen, unser Gepäck zu dem wartenden Flugzeug zu tragen. Es gab keine Extrakosten, aber einen super Service und hervorragende Beziehungen.

Das ist nur einer der Duzie-Momente, in dem INTeraktion eine Brücke zwischen zwei Welten baut. Wir glauben, dass das funktioniert, und wir ermuntern dich dazu, diese Kunst zu praktizieren und zu perfektionieren. Sie öffnet eine Tür der Sehnsucht, die dich und deinen Zuhörer zu dem nächsten Wegweiser bringt: INTeresse.

Das war dein Aufruf. Es ist an der Zeit, dein Gepäck zu nehmen und weiterzugehen.

Wegweiser 2 – INteressieren

0. Einführung INteressieren

Was trennt eine Person von der anderen? Ist es der persönliche Hintergrund, die ethnische Herkunft, Religion oder Bildung? Was bewirkt, dass eine Person aufsteigt und eine andere aussteigt? Was lässt ein Buch, ein Lied oder ein Kind geboren werden? INteresse! INteresse ist eine der größten Kräfte der Menschheit, aber nur wenige sprechen davon und noch weniger machen Gebrauch davon. Warum ist das so?

Oft geben wir uns mit einer billigen Imitation namens Aufmerksamkeit zufrieden. Was für eine Schande! Welche Schlacht wurde jemals nur durch Aufmerksamkeit gewonnen? Wessen Leben wurde jemals verändert, nur dadurch, dass jemand in deine Richtung geschaut hat? Zu oft geben wir uns zufrieden mit strahlenden Gesichtern, geschlossenen Mündern und Augen, die auf einen Sprecher fixiert sind.

Hast du schon mal die Redewendung gehört: »Er schläft mit offenen Augen«? Das ist die Definition von »Aufmerksamkeit ohne INteresse«. Aufmerksamkeit wird nie einsinken, Wurzeln schlagen und wachsen – sie wird keine Veränderung bewirken!

Werfen wir doch einmal einen genaueren Blick auf die Begriffe »Aufmerksamkeit« und »INteresse«.

Aufmerksamkeit

Es ist einfach, Aufmerksamkeit zu erregen. Stell dich mitten auf die Straße, klatsche in die Hände und stoße einen Schrei aus. Sofort hast du die Aufmerksamkeit aller Anwesenden. Alle werden in deine Richtung schauen. Aber genauso schnell, wie du die Aufmerksamkeit von jemanden oder einer ganzen Straße voller Leute erlangt hast, kannst du sie auch wieder verlieren. Das kommt, weil auf der anderen Straßenseite jemand ist, der lauter klatscht und eine lautere Stimme hat. Auf einmal schaut niemand mehr in deine Richtung, nicht einmal der Autofahrer, der sehr schnell auf dich zukommt.

Denk mal darüber nach, wo du versuchst, die Aufmerksamkeit auf dich zu lenken. Im Klassenzimmer, im Hörsaal oder in der Kirche? Oder vielleicht irgendwo auf der Bühne? Stehst du einer Person direkt gegenüber? Halt inne und schau dich um; es gibt Tausende anderer Aufmerksamkeits-Magnete. Es kann ein Niesen sein, ein heruntergefallenes Buch, ein Klopfen an der Tür, das Klingeln des Telefons oder ein Krankenwagen, der vorbeirast. Wenn du nur nach Aufmerksamkeit suchst – sie ist schnell gewonnen und schnell zerronnen.

INteresse

Sieh zu, dass deine hervorragenden Beziehungen eher wie ein Volleyball-Match zwischen dir und Tausenden anderer Anziehungspunkte sind. Wenn der »Ball« übers Netz geht oder jemand für einen kurzen Moment abgelenkt ist, wird das INteresse, das eine Person an deinem Thema hat, sie wieder zurückbringen. INteresse sollte wie ein Seil an dem Ball sein, eine emotionale Bindung, die eine Person schnell zu einem Thema zurückbringt, das ihr wichtig ist, sie zum Nachdenken anregt und ihre Anteilnahme und Neugier weckt.

Ein Thema für sich allein genommen wird selten INteresse wecken. Denk doch mal an wichtige Themen wie Mathematik oder Physik oder Deutsch. Viele werden sagen, dass sie eines der Themen überhaupt nicht mögen. Eigentlich sagen sie aber, dass sie die Informationen, mit denen sie nichts anfangen können, nicht mögen. Wenn du beim INteresse beginnst, hat es eine Bedeutung für die anderen. Dann geht es nicht mehr nur um das Thema Deutsch, sondern es geht darum, Emotionen auszudrücken und Erfahrungen wiederzugeben. Es geht nicht mehr einfach um Mathe, sondern um die Möglichkeit, lebenswichtige Bereiche zu kalkulieren.

Um Leuten zu helfen, die vermittelten Informationen auf ihr Leben anzuwenden, musst du ihr Leben verstehen und eine Verbindung dazu haben. Warum brauchen sie gerade jetzt Mathe? Warum müssen sie schreiben und sprechen? Du musst entdecken, dass die anderen eine Verbindung zu deinem Thema haben wollen.

Es ist INteressant, wie viele der jungen Leute, die wir mit auf Missionsreisen nach Südamerika genommen haben, plötzlich INteresse hatten, Spanisch zu lernen. Ihr INteresse an Spanisch entstand direkt aus dem Wunsch, mit Leuten ins Gespräch zu kommen, zu denen sie eine Verbindung hatten.

INteresse sagt: »Ich will das«. Die Menschen sind Jesus gefolgt, weil sie etwas wollten. Vielleicht würden sie ja geheilt oder befreit werden. Vielleicht könnten sie diesen Propheten durch eine Fangfrage in die Enge treiben oder vielleicht verschaffte es ihnen einfach Befriedigung, bei einer Sternstunde der Menschheitsgeschichte dabei zu sein.

INteresse führt uns weg von Gewohnheiten. Was, wenn wir zur Schule oder zur Kirche gingen, weil wir es wirklich wollten – weil wir INteresse hätten? Was, wenn wir dort mit Erwartungen ankommen würden? Wir würden ankommen und lernen und sehr INteressiert sein. Die Gewohnheit führt nicht zu Lernen, aber Wissbegierde schon! Wenn wir hervorragend kommunizieren wollen, müssen wir lernen, Menschen von der Gewohnheit zur Wissbegierde zu führen. Wir müssen danach streben, ihr INteresse zu wecken und zu erobern.

INteresse ist ein Gefühl des Staunens, das wir in unseren Zuhörern zum Leben erwecken müssen. INteresse weckt Neugier. Beantworte keine Fragen, rege zu Fragen an. INteresse erweckt Anteilnahme. Lass Gefühle wachsen.

Es ist an der Zeit, dass wir INteresse in unseren Beziehungen wecken und es der Neugier der anderen erlauben, ihr Augenmerk zu bestimmen.

1. Der klärende Moment

Die Grundform:
INteressieren

Weitere Formen:
INteresse, INteressiert, INteressant

Andere Worte, die sich auf INteresse reimen:
Messe, Buchpresse, Adresse, Kresse, Politesse, Finesse, Delikatesse

Das Wort INteresse in anderen Sprachen:
Polnisch – zainteresowanie, Estnisch – huvi, Schwedisch – intresse, Indonesisch – minat

In Wörterbüchern steht:
in|te|r|es|sie|ren

1. Aufmerksamkeit erregen oder Menschen fesseln; Neugier oder Betroffenheit hervorrufen
2. jemanden dazu bringen, etwas haben, kaufen, tun oder an etwas teilnehmen zu wollen,
3. das Gefühl, das ein Mensch empfindet, dessen Aufmerksamkeit, Besorgnis oder Neugier besonders von etwas gefesselt ist
4. etwas, das jemanden betrifft, in Beschlag nimmt, seine Aufmerksamkeit oder seine Neugier weckt
5. die Kraft, andere zu begeistern oder sie in ihren Handlungen zu beeinflussen
6. von etwas vorteilhaft oder nachteilig beeinflusst werden

Die Duzie-Definition:
INteresse: Ein Gefühl des Staunens, das bewirkt, dass Neugier oder Anteilnahme unsere Blickrichtung bestimmt.

Die Verbindung:
Zwischen dem Zuhörer/der Zuhörerin und dem Thema.

2. Bewegungen und Momente

Nimm deine rechte Hand und streck den Zeigefinger und den Mittelfinger zum Himmel. Deine anderen Finger und der Daumen sollten nach unten zeigen. Das sollte jetzt das »Peace«- oder »Victory«-Zeichen sein.

Jetzt lege Zeige- und Mittelfinger aneinander und dreh deine Hand um, sodass du die Fingerabdrücke der beiden Finger sehen kannst. Sieh sie dir genau an. Siehst du, wie sie sich ähnlich sind und wie sie sich unterscheiden? Im Augenblick solltest du deine beiden Finger betrachten. Neugierig? Schau gut hin. Was siehst du? Wer dich gerade beobachtet, könnte meinen, dass du etwas an der Oberflächenstruktur deiner

Finger sehr INteressant findest. Jetzt solltest du das INteresse der anderen fesseln und ihnen einen Moment des Staunens schenken. Tipp dir mit diesen beiden Fingern zweimal mitten auf die Stirn, direkt über den Augenbrauen. Jetzt tipp noch zweimal, so, als wärst du tief in Gedanken versunken. Der Sinn der Sache ist, dass die anderen sich fragen, was in deinem Kopf vor sich geht. Tu es, um ihr INteresse zu wecken.

Wenn du bei dieser Aktion alleine im Raum bist, bekommst du nicht die gleichen Reaktionen wie in einem Raum voller Leute, besser noch, voller Fremder. Wenn du uns nicht glaubst, probier es aus. Geh in einen Laden in deiner Nähe und führe das Zwei-Finger-INteresse-Tippen vor. Menschen INteressieren sich sehr für ungewöhnliche Geschehnisse.

Es heißt, dass alle wichtigen Entdeckungen entweder aus Neugier oder Langeweile entstanden sind. Es ist einfach, Langeweile zu erzeugen, und viele Redner sind sehr geübt darin, aber wie wecken wir Neugier? Unser Kopf ist voll von glorreichen Ideen, aber die meisten davon verlaufen im Sand, es sei denn, unsere Neugier darf die Gehirnwellen in Wogen von INteresse versetzen. Kommunikation ist tief in INteresse verankert.

Damit den anderen klar wird, was los ist, tipp dir an die Stirn und hebe dann dein Kinn und lächele. Das ist der »Aha, jetzt hab ich's«-Moment. Ob du zu irgendeiner Erkenntnis gekommen bist oder nicht – die Leute, die dir zusehen, glauben es. So beginnst du, ihr INteresse zu wecken.

Das INteresse, das du weckst, erzeugt Neugier in ihnen, egal ob »sie« nur ein paar Leute in einem Raum oder ein Haufen Leute in einem Laden sind. Der zweite ConneXellence-Wegweiser findet in ihren Köpfen statt. In ihrem Gehirn brodeln Fragen wie »Wer?«, »Was?«, »Wo?«, »Wie?« und »Warum?«. Das bewegt den Zuschauer, dich auf deiner Reise zu begleiten.

3. Ein Moment an einem See

Zurück zum Fischteich. Weißt du noch, wie der Angler vergaß zu INteragieren? Weißt du noch, wie er nicht vom Strand wegkam? Jetzt hat unser kleiner Mann ein Boot und einen wunderschönen Tag zum Angeln. Spring rein. Die Fische warten.

Beim zweiten Mal an einem See, da stand der kleine Mann.
Er stand im Sonnenlicht, mit derselben Angelrute in der Hand.
Er träumte weiter von Fisch. Er schaute auf den See.
Er sagte: »Ich glaube, die Fische kommen nicht zu mir.«
Er setzte sich in ein Boot und ruderte in die nächste Welle.
Er fragte sich immer wieder, wonach die Fische wohl hungerten.
Von seinem Vorrat nahm er einen Apfel und Kuchen.
O, für solche Leckereien würden Fische wohl auch fliegen.
Hinein mit der Rute mit den Leckereien an der Leine.
Aber Stunden vergingen, kein Fisch an der Leine.
Sie flogen nicht, keiner wollte beißen.
Einer schaute auf und sagte: »Mit dem Essen stimmt was nicht.
Wir Fische lieben den wundervollen Geschmack von Würmern,
Wie sie sich winden und drehen.«
Der Mann sagte: »Unmöglich, das kann doch nicht sein.
Was mir so gut schmeckt, gefällt euch nicht?«
Langsam ruderte der Mann ans Ufer.
Wieder ein Tag ohne Fisch, er war deprimiert.
Er konnte kein INteresse an Land ziehen, die Fische entkamen.
Der Mann fuhr heim, wieder allein.
... Fortsetzung folgt.

Der entscheidende Fang

Beim Angeln ist es schon der halbe Fang, wenn man weiß, worauf die Fische Appetit haben. In jedem Fisch, Tier und Mensch steckt ein Hunger, genährt von den jeweiligen Wünschen. Den Wünschen der anderen, nicht unseren. Wir können einen Picknickkorb voll mit unseren Lieblingsleckereien mitbringen, alles was wir hören, sehen, erfahren und diskutieren wollen. Wir können alle Wahrheiten besitzen, die wir in ihrem Alter gerne gehabt hätten und die sie in ihren ausgewogenen Speiseplan einbringen sollen. Aber ohne die richtige Speisekarte verpassen wir den Moment. INteresse ist der Köder, mit dem du den Zuhörer fängst.

Wenn ihr Appetit und ihr INteresse nicht geweckt werden, ihre Neugier nicht angeregt wird, schwimmen die Fische weg. Wir haben schon viel zu viele Geschichten gehört von dem einen, den vielen, die uns durch die Finger geglitten sind. Wir wissen aber auch, dass viele sich haben fangen lassen! Wir kennen viele junge Leute, die ihrer Neugier und ihrem INteresse gefolgt und zu Menschenfischern geworden sind.

Bei dem »entscheidenden Fang« geht es nicht um uns. Es geht um eine Generation, die sehr viel Hunger hat, Hunger nach Dingen, die nicht in unserem Picknickkorb liegen. Würmer – ja, Würmer –, die tief in der heutigen Erde liegen. Wir müssen Schaufeln nehmen, graben und entdecken, was diejenigen INteressiert, die wir erreichen wollen. Es gibt Hunderttausende von Würmern auf unserem Planeten, aber die Anzahl an INteressen übertrifft sie haushoch. Um einen Moment mit jemandem einzufangen, der Sport liebt oder Musik, Bildung, Computer oder Humor, und die Welt der Wohlhabenden und der nicht so Wohlhabenden zu erreichen, ist eine lebenslange INteressenstudie nötig. Wenn du die Zeit eines Menschen möchtest, dann ziele auf seine Aufmerksamkeit ab. Willst du ihn aber mit auf eine Reise nehmen, ziele auf sein INteresse.

Werde zu einem Experten in Sachen Köder!

4. Ein Moment mit Jesus: Hände

Nehmen wir uns einen Moment Zeit und versuchen, eine Berührung mit Jesus' Händen zu spüren. Seine vollmächtigen Hände schufen den Himmel und die Erde, seine Fingerabdrücke ziehen sich durch die Geschichte. Seine Hände kannten harte Arbeit, hielten die heiligen Schriftrollen und warfen die besudelten Tische um; sogar die Sünder und Kranken kannten seine Berührung. Seine Hände brachen sanft das Brot und riefen die am Leben Zerbrochenen zu sich. Diese Hände schufen INteresse, brachten die Neugier in Jung und Alt zum Blühen. In einem Moment hielten seine Hände die Hand seines Vaters und im nächsten Moment, als Christkind, musste er von den Händen eines jungen, verwirrten Mädchens gehalten werden, das er später Mutter nannte.

Niemand berührte Jesus' Hände öfter als seine Mutter. Stell dir Maria vor, an einem gewöhnlichen Tag, in einer gewöhnlichen Stadt, von einer gewöhnlichen Familie, mit gewöhnlichen Aufgaben. Und dann stand ihr Angesicht zu Angesicht ein außergewöhnlicher Engel gegenüber, der sagte: »Sei gegrüßt!« Sie war erschrocken, oder mit anderen Worten, sie ist ausgeflippt, Hysterie! Dann heißt es: »sie überlegte«. Wow! Nach dieser überraschenden INteraktion *überlegte* Maria. Dieses Überlegen ist INteresse. Sie ist von der INteraktion gepackt und alles Gewöhnliche muss warten! Stell dir vor, wie sehr ihr INteresse gewachsen ist bei dem Besuch bei Elisabeth, dem Besuch von den Schäfern und den weisen Männern und dann, Jahre später, als sie ihren kleinen, verloren gegangenen Jesus wiederfand, in eine Diskussion versunken mit den Schriftgelehrten im Tempel. Die Bibel sagt nur, sie »bewahrte alle diese Dinge [wie einen Schatz] in ihrem Herzen«. Ein Schatz ist von großem persönlichen INteresse. Jesus schien seiner Mutter ständig INteressante Schätze zu präsentieren (Lukas 1,26-2,52; Matthäus 1,18-2,23).

Jetzt strecke in der Dunkelheit die Hände aus und spüre, wie Jesus dein Gesicht berührt. Hast du INteresse? Zwei Blinde waren INteressiert, als ihnen genau das passierte. Wir wissen nicht, woher das starke INteresse herkam, aber Jesus hörte, wie sie riefen: »Hab Erbarmen mit uns.« Die Menschenmenge sah, wie sie durch ihren endlosen Nebel stolperten und versuchten, ihre einzige Hoffnung zu erreichen. Die Blinden führten die Blinden, aber die Neugier hatte sie gepackt. Sie glaubten an das Unmögliche und es war ihnen egal, was die anderen dachten. INteresse trieb sie in die Arme von Jesus. In ihrem letzten dunklen Moment hörten sie diese Worte: »Weil ihr glaubt, wird es geschehen.« Seine Berührung öffnete ein Leben voller Licht, Farbe und Klarheit. Seine Berührung öffnete auch die Augen des INteresses bei diesen beiden Männern und allen, die diesen erstaunlichen Moment miterlebten (Matthäus 9,27-34).

Eines Tages, vielleicht an einem Dienstag, war Jesus von Menschen umringt, aber er musste weiter. Er begann, seine Jünger zu versammeln und sich durch die Menge auf den Weg zu der nächsten Mission zu machen. Dann geschah es und die Menschenmenge zerstreute sich. Sie rannten in alle Richtungen und stöhnten. Ein rituell unreiner, übel riechender, leidender Mann, der viel älter aussah, als er war, sprang auf Jesus zu und fiel auf seine von Lepra zerfressenen Knie. »Wenn du willst, wenn du Zeit hast, wenn dein nächster Termin warten kann, wenn dieser Moment mein Leben ändern könnte, reinige mich.« Jesus streckte voller Mitgefühl seine Hand aus und berührte den Mann. »Ich will«, sagte er. »Sei gesund.« Wer hatte in diesem Moment INteresse an wem? Wer wurde berührt? Wer veränderte sich? Jesus, der genau wusste, wie mächtig INteresse ist, gab dem Mann eine deutliche Warnung: »Sprich unterwegs mit niemandem. Nimm das Opfer mit, das Mose für die Heilung von Aussatz vorgeschrieben hat. Das soll für alle ein Beweis deiner Heilung sein.« Aber dieser freie, gereinigte, wieder in die Gemeinschaft aufgenommene Mann ging und erzählte seine Geschichte der ganzen Welt. Das INteresse wuchs und verbreitete sich unter den Menschen, bis Jesus zu einer berühmten Person wie auf einem roten Teppich wurde. Er musste außerhalb der Stadtmauern bleiben, an einsamen Plätzen. Aber auch dort bewirkte das INteresse, dass sich Menschen versammelten und auf ihr großes Ereignis warteten. Alle wollten hören, sehen und von Jesus berührt werden, alles aufgrund von INteresse (Markus 1,40-45; Lukas 5,12-16).

Jesus berührte Menschen mit Fieber (Matthäus 8,15), Lahme (Matthäus 21,14), Taube (Markus 7,33, Lukas 22,51), Sterbende (Lukas 7,1-10) und Tote (Lukas 7,11-17, Matthäus 9,18-26). Er berührte die Jungen (Matthäus 19,13-15), die Reichen (Lukas 19,1-10), die Armen (Lukas 6,20) und die Alten (Lukas 2,25-38). Wer in seiner Reichweite und INteressiert war, wurde berührt und verändert.

Die Leute waren im Berührungsfieber. Die Dreisten und die Zurückhaltenden konnten nicht warten; sie wurden zu Berührenden. Wo immer Jesus war, »in Dörfern, Städten und draußen auf den Gehöften«, brachten sie Kranke zum Marktplatz. Sie bettelten, wenigstens den Saum seines Gewandes anfassen zu dürfen, und sie wurden geheilt (Markus 6,56). Die Kraft von Jesus strömte auf jeden über, der gezieltes INteresse hatte und den Arm nach Jesus ausstreckte.

Macht wird oft mit gesellschaftlicher Stellung in Verbindung gebracht. Wer ist wer und was weiß er? Was macht er? Jesus' Hände streckten sich aus und ließen los. Sie hielten und konnten halten. Seine Hände leiteten die Menschen vorbei an dem Vordergründigen (der gesellschaftlichen Stellung) an einen Ort, wo sie staunen, sich wundern und ihren Blick neu ausrichten konnten. Er hinterließ sein Beispiel für alle folgenden Generationen. Geben wir uns damit zufrieden, wenn Leute kommen und zufrieden sind, oder verpflichten wir uns, die Neugier der Leute zu wecken, ihnen Anteilnahme zu zeigen und ihr INteresse zu entfachen?

5. Ein Moment zu zweit: Schau dir Darwin an

Es war ein kühler Tag im Oktober, besonders für Darwin, einen jungen Mann aus Uruguay. Er war nach Marlette im US-Bundsstaat Michigan gekommen, um an der Duzie-Schule für Jugendmitarbeiter, *imagiNations,* teilzunehmen. Wir hatten schon einige Male in Südamerika mit Darwin zusammengearbeitet und er war auch in unserem Mitarbeiter-Team bei *TeenStreet* in Deutschland dabei. Er war für uns in vielerlei Hinsicht wie ein dritter Sohn.

Es war Dienstagnachmittag und unser Unterricht für den Tag war beendet. Während wir uns mit den Schülern unterhielten, merkten wir, dass Darwin schnell durch die Hintertür verschwand. Normalerweise war er der Letzte, der wegging. Oft mussten wir ihn am Ende des Tages nach Hause schicken. Heute war das anders. Er dachte nicht einmal an die gewohnte Umarmung oder den freundschaftlichen Klaps auf den Rücken. Er war einfach verschwunden.

Gegen 16.00 Uhr war unser Haus bis auf sechs Leute leer und wir dachten, wir könnten uns zu einem Spaziergang hinausschleichen. Wir legten je einen Hund an die Leine und gingen durch die Vordertür hinaus. Wir gingen spazieren und unterhielten uns über den Tag und machten uns den Kopf und die Herzen etwas frei. Während unseres Spazierganges fiel uns ein, dass das Fußballteam der Jungen Training hatte. Unser ältester Sohn Joshua war in der Mannschaft, also überlegten wir uns, dass wir ja beim Training zuschauen könnten.

Als wir näher kamen, mussten wir lachen, weil wir Darwin mitten in der Mannschaft sahen. Er ist ein unglaublicher Fußballspieler mit Fähigkeiten, von denen jede Kleinstadt in den USA nur träumen kann. Er war ganz einfach er selbst, er liebte die Menschen und Fußball. Wir beobachteten, wie er nacheinander mit mehreren Spielern einzeln arbeitete und ihnen zeigte, was man sonst noch alles mit dem Ball machen konnte.

Ein junger Mann beobachtete Darwin, wie dieser den Ball von der anderen Spielfeldseite ins Tor schoss. Immer wieder segelte der Ball in einem geheimnisvollen Bogen und landete jedes Mal im Tor. Ein anderer junger Mann saß einfach nur auf dem Boden und beobachtete, wie Darwin den Ball mit fast jedem Körperteil jonglierte. Ein junger Mann hatte besonderes INteresse daran, wie Darwin den Ball in eine Richtung passte, während er scheinbar in die andere Richtung schaute und lief.

An dem Tag gab Darwin nicht an. Er war er selbst und lebte einfach seine Liebe zu anderen Menschen und zum Fußball aus. Seine Begeisterung übertrug sich auf das Team, auf einen Spieler nach dem anderen. Darwins INteresse entfachte ihr INteresse.

Darwin ist schon lange nach Uruguay zurückgekehrt. Aber die Jungs, die sich Zeit zur INteraktion mit ihm nahmen und deren INteresse gefesselt wurde, versuchen immer noch, mit der gleichen Exzellenz den Fußball zu jonglieren und Pässe zu schießen wie Darwin.

Darwin, dein Leben hat einen Eindruck in unserer Stadt und unserer Familie hinterlassen. Danke, dass du dir die Zeit genommen hast, INteresse zu wecken – bei den INteressierten. Unsere Momente mit dir waren immer unvergesslich.

6. Ein Moment mit mehreren: Tief in der Höhle

Stell dir einen kleinen Raum mit 100 Teenagern und Mitarbeitern vor, alle aus Missionarsfamilien aus der ganzen Welt. Jetzt stell dir vor, dass an den Wänden entlang ungefähr zwanzig Stühle stehen, auf denen die sitzen, die zuerst gekommen sind, und diejenigen, die die »Frühkommer« abgelöst haben. Alle anderen sitzen auf Tischen und auf dem Fußboden. Einige von den Mädchen mögen einige von den älteren Jungen und nur die ganz Mutigen sitzen neben den jüngeren Jungs (da es schon der fünfte Tag ist und sie immer noch nicht die Duschen gefunden haben). Insgesamt sprechen die Teens mehr als dreizehn Sprachen fließend, und manche sprechen nur zu Hause ihre

Muttersprache. Welche Anblicke, Geräusche und Gerüche kommen dir in den Sinn?

Wir brauchen es uns nicht vorzustellen, weil wir dabei waren! Es war das *Missionary Teens Only*-Camp, kurz *MTO* genannt, das wir während der letzten 16 Jahre mitgeleitet hatten. An diesem Tag in diesem Raum mit all diesen Bildern, Geräuschen und Gerüchen ging es in der Lektion um Elia. Es ging darum, wie er Gottes flüsternde Stimme in der Höhle wahrnahm, direkt nach dem Erdbeben, Sturm und Feuer. Wie würdest du diese Lektion vermitteln?

Die meisten Leute hätten daraus nichts Kreatives machen können. Für Denise und Shirley, zwei unserer besten Freundinnen aus Neuseeland, war es eine Herausforderung, INteresse zu schaffen.

Denise und Shirley sind überall auf der Welt tätig und arbeiten daran, Leute für den Glauben und das Wachsen im Glauben zu INteressieren. An diesem Tag schickten sie alle Teens auf ihre Zimmer zurück, um ihre Schlafsäcke zu holen. Der Flur wurde ausgeräumt und alle wurden angewiesen, in ihre Schlafsäcke zu kriechen, oder besser gesagt, ihre »Höhle«. Nach einigen Erklärungen verschwanden alle Köpfe in ihren Höhlen. Innerhalb ihrer weichen Wände sollten sie Gottes Stimme wahrnehmen. Es wurde Musik gespielt und dann erklangen die lauten Geräusche von Erdbeben, Stürmen und tosendem Feuer. Schließlich, in der verbleibenden Stille, sollte jeder der Teenager warten und hören, was Gott ihm zu sagen hatte.

Einige Minuten vergingen und nur wenige bewegten sich. Dann, wie Schmetterlinge, die aus Larven schlüpfen, fingen sie an, sich aus den Schlafsäcken herauszuwinden. Viele hatten mehr gelernt als nur eine Lektion. Gott hatte zu ihnen gesprochen. Freude, Tränen und viele Geschichten folgten diesem sehr INteressanten Moment.

Vielen Dank Denise und Shirley, dass ihr uns über das »Muss das sein?« hinaus in die Welt des Staunens gebracht habt. Ihr und alle MTO-Mitarbeiter der vergangenen Jahre: Ger und Phoenicia, Bart und Benita, Yerko und Corina, Rich und Rach, Josh und Debs, Christian und Ezra, Nat und Hanna, Megan, Steven, Vanessa, Rachael, Daniel, Anne, Dale, Sheila, David und Steven, es macht immer Spaß, mit euch zusammen zu sein. Oder, wie die Briten zu sagen pflegen: »most INteresting, indeed« – »in der Tat, sehr INteressant!«

7. Ein Moment im Publikum: Ein unsichtbarer Thronsaal

TeenStreet ist ein internationaler Kongress für Teenager, den wir 1993 gegründet haben. Seitdem ist er mit der Hilfe von Tausenden Mitarbeitern gewachsen und umfasst Menschen aus über zwanzig europäischen, sechs afrikanischen, fünf asiatischen, vier südafrikanischen Ländern und zwölf indischen Bundesstaaten. Jede Veranstaltung hat die gleiche Vision, doch alle sind vollkommen unterschiedlich.

Jeden Abend bei *TeenStreet* versammeln sich alle im sogenannten »Thronsaal«. Es ist weniger ein Raum als eine Zeit, die Gott gewidmet ist. Einige singen, einige tanzen, einige malen, einige beten und andere sitzen und warten auf Gott. In Indien versteht es unsere Lobpreisband wirklich, den Thronsaal zu »rocken«. Es ist mehr als fröhlicher Lärm! Für viele Inder und Inderinnen ist das weit entfernt von ihren traditionellen Tablas und Rasseln. Aber beide bringen dich in Schwung und zum Tanzen.

Joshua gehört zur Band. Er ist ein Weltveränderer und ein Vorkämpfer für Gottes Wirken in Indien und dem Rest der Welt. Mit seinem E-Piano holt er Leute in den »Thronsaal« Gottes.

Wenn er spielt, konzentriert er sich nicht auf die Tasten, obwohl er sie hart und kräftig anschlägt. Er konzentriert sich nicht auf die Anwesenden, obwohl die Stühle und Reihen gefüllt sind. Er konzentriert sich nicht auf sein Aussehen oder sein langes Haar, das sein Gesicht wie Adlerflügel zu bedecken scheint. Er konzentriert sich auf einen unsichtbaren Thron, der erfüllt ist von Gottes Herrlichkeit. Ihm beim Lobpreis zuzuschauen – und mit ein bisschen Fantasie kann man sich dabei König David vorstellen –, ist sehr mitreißend.

Wenn du Joshua oder andere in der Band beobachtest, bist du vielleicht im ersten Moment schockiert. Dann verstehst du, dass es nicht um sie oder um dich geht, sondern um Jesus. Es geht um einen Gott, der zu nahe ist, um gesehen zu werden.

Diesen jungen Mann zu beobachten, weckt in uns und vielen anderen den Wunsch, da zu sein, wo er ist. Wir meinen nicht auf der Bühne oder am Klavier, sondern in der Gegenwart Gottes. Sein Leben, seine Leidenschaft, seine Tränen und sein Lächeln sind ansteckend und das ist INteressant. Joshua, du bist INteressant, weil du INteressiert bist an dem Schöpfer von Leben und Liebe und weil du keine Angst hast, eine Welt loszulassen, zu der du nicht gehörst.

Danke, Joshua, Jeshuron, James, Pradhan, Praveen, Tobi und all die anderen Bandmitglieder, dass ihr uns und viele andere auf eure INteressante Reise mitgenommen habt!

8. Ein Moment bei uns zu Hause

Wenn du in unser Haus kommst, musst du dich auf etwas gefasst machen. Da hängen viele seltsame und wunderbare Dinge an Haken, in Rahmen an Wänden oder stehen auf Tischen und Regalen. Manch einer nennt uns Sammler. Andere nennen uns sammelwütig. Wir nennen uns Historiker. Es ist unsere Geschichte. Jeder beliebige Gegenstand in unserem Haus, vom Fußboden bis zum Ventilator, ist aus einem bestimmten Grund da. Er hat seine eigene Geschichte. Wenn du die Geschichte hören willst, frag einfach.

Wenn du durch die Haustür kommst (die Tür für diejenigen, die förmlich sein wollen oder uns nicht so gut kennen), wird dir die hohe Wand auf der rechten Seite auffallen. Sie beherbergt eine riesige Sammlung von Hüten aus aller Welt. Jeder ist sorgfältig auf einem Nagel aufgehängt. Um sie herum stehen die Namen der Länder, die wir besucht haben. Entschuldige bitte den Staub. Wir waren schon lange nicht mehr zu Hause.

Die Hüte stammen von Reisfeldern in Asien, Marktverkäufern in der Karibik, vom Kopf eines DDR-Soldaten aus dem nun wiedervereinigten Land. Sie gehörten einst einem Tänzer in Polen, einem Musiker in Mexiko, einem Gentleman in England und einem großartigen Pastor in Amerika. Sie erzählen von Tradition, Reichtum, Armut, Mode und Festlichkeiten.

Wenn du den Flur weitergehst, an der Hut-Wand vorbei und durch die Schwingtüren im Westernstil, kommst du ins Afrikazimmer. Afrika ist seit unserem ersten Besuch 1993 eines unserer Lieblingsländer. Wir haben viele Afrikageschichten an Wänden, auf Regalen und über Sofas. Wenn junge Leute zum ersten Mal in dem Raum sind und sprachlos all den »Kram« anstarren, fragen wir sie gern, ob sie wissen, wo wohl die verschiedenen Tierhäute und Felle in dem Zimmer herkommen. Viele davon haben einzigartige Farben und Formen. Man kann nur schwer erraten, zu welchem Tier sie einmal gehört haben. Die Antwort ist immer von einer Geschichte begleitet, wie wir zu dem Teil gekommen sind, wo wir waren, als wir es bekommen haben, und mit welchen Leuten wir unterwegs eine Beziehung aufgebaut haben. Eines der am schwersten zu erratenden Felle ist ein rotbraunes mit kurzem Haar und einem langen Schwanz. Hast du eine Ahnung, von welchem Tier es stammt? Es ist von einem Känguru. (Wir wissen, das stammt nicht aus Afrika, aber es ist trotzdem INteressant.)

Noch etwas INteressantes, das im Afrikazimmer zu finden ist, ist mehr ein Geräusch als ein Gegenstand. Viele Leute entdecken es versehentlich, wenn sie an die Tür klopfen. Eine Stimme ruft »herein« oder ein freundliches »Hallo«. Sie gehen durch die Haustür und den Hut-Flur und finden sich im Afrikazimmer wieder. In dem Zimmer ist niemand zu sehen. Die Leute beginnen sich zu fragen, wer sie so freundlich begrüßt hat in diesem leeren Raum. Schon oft sind wir in das Zimmer gekommen und haben Leute mit einem großen Fragezeichen auf ihrem Gesicht vorgefunden. Neulinge wissen nicht, dass wir einen sprechenden blau-goldfarbenen Macaopapagei besitzen, der »Oracle« (Orakel) heißt. Das Papageienweibchen sitzt auf seinem Käfig in der Ecke im Afrikazimmer, lädt Leute in unser Haus ein und versteckt sich dann im Käfig. Daraus ergeben sich viele INteressante Begegnungen.

Ein anderer INteressanter Ort in unserem Haus ist der Keller. Das ist der Ort, an dem sich die Jungen und jung Gebliebenen am wohlsten fühlen. Um dahin zu gelangen, musst du zwei Stufen vom Afrikazimmer hochgehen, durch die Ecke der Küche und dann zwei Stufen hinunter. Vorsichtig bitte, an den Schuhen, die dort stehen, hat sich schon mal jemand ein Bein gebrochen. Geh nach rechts und beginne deine Reise die Treppe hinunter in den Keller. Vorsicht vor den hellgelben Graffitiflammen hinter deinem Allerwertesten. Jetzt stehst du auf einem großen Smiley-Teppich. Das ist das Zeichen, dass du wirklich im Keller angekommen bist. Hier findest du die INteressanteste und ungeordnetste aller unserer Sammlungen. Oder vielleicht doch nicht – wir waren noch nicht in Dans Büro.

In der Nordecke, über den schwarzen Ledersofas, befinden sich eingerahmte *TeenStreet*-Poster und Andenken aus aller Welt, die wir über einen Zeitraum von 15 Jahren gesammelt haben. Die Holzleiste über den Postern hängt voller Nummernschilder, die von Freunden oder großartigen Abenteuern auf Straßen in aller Welt stammen. Ja, du hast es erfasst – zu jedem Nummernschild gehört eine Geschichte von Erfahrungen und Beziehungen. Wenn du auf die andere Seite des Raumes gehst, findest du die Spielkonsolen und Joysticks, Spiele, Drähte und Retro-Stühle überall verstreut. Darüber auf der Holzleiste sind Postkarten, die wir auf unseren Reisen gesammelt haben. Ursprünglich haben wir sie gekauft, um sie an Freunde und Unterstützer und Verwandte zu schicken – aber da wir zu viel Leben in eine zu kurze Zeitspanne gepackt haben, hängen sie nun unter der Zimmerdecke.

Direkt hinter der Ecke für die Band findest du eingerahmte Fotos von internationalen Jugendmitarbeitern aus den letzten vier Jahren unseres *ImagiNations*-Trainings. Wir könnten ewig von den hervorragenden Beziehungen zu jeder Person auf dem Foto erzählen. Und jetzt geh zum Schluss um die Ecke nach rechts. Schau dir den hölzernen Toilettensitz an, der da an der Tür hängt. Wenn du den Deckel hochhebst, siehst du dich im Spiegel – das hat schon viel Gelächter verursacht. Ja, du hast es erraten, diese Tür führt zu der Toilette im Keller, die mit Wellblech ausgeschlagen ist und einen riesigen Handspiegel und einen singenden Fisch beherbergt.

Dies sind nur einige unserer INteressanten Orte. Wir haben den roten Zebra-Raum ausgelassen und das Atelier für Kunst, Tanz und festliche Abendessen und Suzies Büro für internationale Beziehungen und heimatliche vertrauliche Gespräche und Dans Büro auf dem Dachboden, wo seine explodierende Kreativität zur Grundlage für neues INteresse wird.

Unser Leben ähnelt unserem Haus. Wir alle haben Erinnerungen, Narben, Träume, Kleidung, Kunst und Emotionen, die alle mit unseren Beziehungen im Leben zusammenhängen. Wir können sie nicht auf unserem Dachboden verstecken. Wir müssen zulassen, dass die Fußböden, Wände, Badezimmer und Dachkammern unseres Lebens explodieren und bei unserer nächsten INteraktion INteresse anregen.

9. Ein kreativer Moment

Kreativität ist eine von Gott gegebene Fähigkeit. Vom Anfang aller Zeiten an hat Gott diese Fähigkeit auf Gedeih und Verderb in die Hände von Menschen gelegt. Pflanzen und Bäume sind nicht kreativ. Diese Blatt- und Fruchthalter können nur Frucht tragen und Samen fallen lassen. Sie können nichts erschaffen! Tiere schaffen andere Tiere je nach ihrer Art und sie schaffen Behausungen zum Leben und Pfade zum Fortbewegen. Das, was sie bauen, entsteht wohl eher aus Instinkten heraus als aus einer kreativen INspiration. Wir haben noch nie gesehen, dass ein Hund aus dem ganzen Sand, den er ausbuddelt, eine Sandburg baut, aber er kann »Sitz machen«, wenn's dafür ein Leckerli gibt. Tiere und Pflanzen wurden von Gott geschaffen und werden von Menschen geliebt, aber sie scheinen keinen bleibenden Wert oder Freude aus ihren Handlungen zu beziehen. Sie versuchen auch nicht, eine bessere Gemeinschaft zu schaffen oder einen Beitrag zum Schöpfungsprozess des Lebens zu leisten. Vielleicht kleidet Gott deshalb die Lilien und füttert die Raben. Sie können nicht säen, ernten, arbeiten oder spinnen. Sie sind nicht kreativ.

Menschen sind kreativ und tragen das Bild von Gottes kreativer Natur. Manche Menschen leben wie Tiere, pflanzen sich nur fort und folgen ihren persönlichen Instinkten, aber das ist nicht normal!

Die Schöpfung ist ein Geschenk, das ausgepackt werden muss. Denk einmal an all das, was Menschen geschaffen haben. Denk an Bildung, Wissenschaft, Musik, Theater, Kunst, literarische Werke, medizinische Entdeckungen, Technologie, Mode, Gebäude, Sport, kreative Werke aus Holz, Metall und Edelsteinen. Wir sind die Söhne und Töchter des Schöpfers. Wir sind verantwortlich für die Welt und die Menschen, die er geschaffen hat.

Wir dürfen niemals mit dem Finger auf die Kreativen zeigen, ohne uns darüber im Klaren zu sein, dass wir alle kreativ sind. Du wirst keinen Menschen entdecken, besonders nicht im Spiegel, der als Ebenbild eines anderen als Gott, dem Kreativen, geschaffen ist. Die Kreativität steckt in unserer DNS und sie muss in unsere hervorragenden Beziehungen fließen.

Menschen, die regelmäßig kreativ tätig sind, haben festgestellt, dass Kreativität einfach daraus besteht, dass man zwei Gegenstände nimmt, die normalerweise nichts miteinander zu tun haben, und sie verbindet. Hier ein paar Beispiele zum Nachdenken:

- Eine Tasse Kaffee, verbunden mit einem Ort, an dem man sich ausruhen und unterhalten kann, schuf *Starbucks.*
- Das Bedürfnis, Musik mit Satellitentechnologie zu verbinden, schuf das Satellitenradio.
- Die Liebe zum Abenteuer, verbunden mit dem Bedürfnis für Jüngerschaftstraining, schuf viele christliche erlebnispädagogische Initiativen.
- Ein Internetzugang, verbunden mit dem Bedürfnis nach Gemeinschaft, schuf *Facebook.*
- Ein Vogelstrauß, verbunden mit Hausreinigung, schuf den Staubwedel.
- Das Bedürfnis, die Bibel zu studieren, verbunden mit ständig wechselndem Vokabular, schuf moderne Bibelübersetzungen.
- Die Kreativität von Menschen, verbunden mit dem Wunsch, berühmt zu sein, schuf *YouTube.*
- Die Liebe zum Sport, verbunden mit missionarischer Arbeit, schuf viele sportmissionarische Projekte.
- Unsere weltweit gesammelten Erfahrungen mit Teens, verbunden mit den Fragen vieler Leute bezüglich dieser Generation, schuf dieses Buch.

Um eine Verbindung mit dieser Generation zu schaffen, musst du die kreativen Fähigkeiten, die Gott dir gegeben hat, nutzen und du selbst sein. Also nimm deine Leidenschaft, Hobbys, Fragen, Sehnsüchte, Ängste und Erfahrungen und verbinde sie mit einer Person, einer Gruppe, einem Thema oder einem Moment. Du wirst feststellen, dass du gerade eine wertvolle und INteressante INteraktion geschaffen hast.

Benutze deine kreativen Fähigkeiten und werde durch viele Momente zu einem Meisterwerk!

10. *Leben für den Moment*-Café: Die Unterschiede verstehen

Willkommen zurück im Café, das günstig an der Ecke der »Welt der Vergangenheit« (wo wir waren) und der »Welt der Zukunft« (wo wir hingehen) liegt. Du kannst das Café durch eine der Glastüren an beiden Seiten betreten. Es empfängt dich eine gemütliche Retro-Atmosphäre. Die Musik ist ein Remix, viele Gäste sitzen an den Tischen und unvergessliche Momente entstehen. Du gehst an die Theke, man erinnert sich an deine letzte Bestellung: eine Mischung. Du bist dir nicht sicher, ob es besser wäre, das Gleiche wie zuvor zu bestellen oder eine neue Geschmacksrichtung zu probieren. Vielleicht möchtest du das, was der Typ neben dir hat.

Um unsere nächste »heutige Mischung« (unsere nächste hervorragende Beziehung) zu wählen, gilt es zu verstehen: Wir müssen eine echte Alternative sein. Die heutige Generation schaut auf die Tafel, auf der die Tageskarte mit Kreide geschrieben steht – und wir müssen das beste Gericht auf der Tafel sein! Wir müssen immer bereit sein, unvergessliche Momente zu schaffen, der nächste INteressen-Künstler im Leben eines anderen Menschen zu werden. Wie werden wir zu der »besonderen Mischung« im nächsten Moment ihres Lebens?

Heutzutage lebt die Generation für den Augenblick. Das Leben ist eine einzige »Mischung«.

Viele Leute reden von der »Welt der Vergangenheit« und der »Welt der Zukunft« und meinen damit »richtige« oder »falsche« Lebensweise. Aber die beiden Welten sind keine Gegensätze, sondern einfach unterschiedliche Geschmacksrichtungen des Lebens. Eine organische Mischung ist nie falsch, es sei denn, du magst kein »Bio«. Die Lebensweisen der »Welt der Vergangenheit« und der »Welt der Zukunft« sind auch nicht falsch oder richtig. Sie sind nur anders. Untersuchen wir doch einmal diese beiden »Lebensordnungen« genauer, damit wir sie besser verstehen und INteresse an der »heutigen Mischung« gewinnen.

Die folgende »Karte« verallgemeinert einige unserer Weltunterschiede.

Welt der Vergangenheit	**Welt der Zukunft**
Wissenschaft und Technik führen in die Zukunft.	*Erfahrung* und die Bereitschaft zur *Veränderung* führen in die Zukunft.
Ein Ort und eine Zeit, die als Ergebnis *harter Arbeit* existieren.	Ein Ort und eine Zeit, die als Ergebnis der *getroffenen Entscheidungen* existieren.
Informationen sind gut und verleihen allem eine Ordnung. Die Menschen wissen, was sie glauben, leben das, was sie glauben und finden ihren Wert darin zu beweisen, dass sie recht haben.	Etwas zu *erforschen* und *Toleranz* zu üben ist gut und grundlegend für die meisten Dinge. Die Menschen wachsen in dem, was sie glauben, leben ihr Leben und finden Gemeinschaft, während sie gleichermaßen andere schätzen, die mit ihrer »heutigen Mischung« übereinstimmen oder anders sind.
Ein einziger moralischer Standard von *Wahrheit* hat absoluten Wert und sollte systematisch und ohne Abweichungen auf das Leben angewandt werden. Was sie jetzt glauben, werden sie immer gauben. Das gibt ihnen Sicherheit.	*Wahrheit* ist nicht gleich Wahrheit. Es gibt verschiedene moralische Standards für sie. Menschen sind verschieden und lernen unterschiedlich schnell. Man muss über die Lebensgeschichte, Ansichten und Fragen einer Person nachdenken. Das individuelle Verständnis von Wahrheit bildet und entwickelt sich mit jedem Lebenstag. Was sie jetzt erfahren, ist, was sie jetzt glauben. Die Sicherheit liegt in der Tatsache, dass sie sich ändern können, wenn es sein muss.
Ihre Perspektive auf Sehnsucht, Autorität und Rangordnung ist *vertikal*. Sie erklimmen eine Leiter im Leben. Sie hören auf die über ihnen und leiten diejenigen unter ihnen.	Ihre Perspektive auf Sehnsucht, Autorität und Rangordnung ist *horizontal*. Sie gehen gemeinsam einen Pfad entlang. Sie hören auf die, die ihnen nahestehen, und hinterfragen die, die weiter entfernt sind oder aus einer Machtposition heraus herrschen.

Individualität wird hoch geschätzt. Ein Mensch wird von seinem persönlichen Lebensziel angetrieben und trifft Entscheidungen aufgrund seiner persönlichen Ziele.	*Gemeinschaft* wird hoch geschätzt. Das »Wir« bringt ein Dazugehörigkeitsgefühl. Die Menschen schätzen persönliche Ziele und Einzigartigkeit, aber sie handeln gemeinsam und bringen gemeinsam Veränderung in ihre Welt.
Der Schwerpunkt der Welt ist *lokal.* Die Welt ist riesengroß und die Menschen sind auf sich selbst gestellt. Die Einstellung ist immer »wir« und die »anderen«. Sie glauben, dass sie sich nur für die Menschen unter ihrem eigenen Dach oder in ihrer eigenen Nachbarschaft verantworten müssen.	Der Schwerpunkt der Welt ist *global.* Die Welt ist sehr klein und die Menschen glauben, dass sie sich um die Welt kümmern müssen, weil alle miteinander verbunden sind. Ihre Einstellung ist »wir«. Sie sind nicht nur für sich verantwortlich, sondern auch für diejenigen ohne ein Dach über dem Kopf und für Wasser, Wetter, Kriege und das Wohlbefinden derer, die sie nur per Satellit besuchen können.
Die Welt dreht sich um *Zertifikate.* Die Fragen lauten: »Wer bist du? Hast du dir das Recht verdient, gehört zu werden?« Respekt und Aufmerksamkeit hängen davon ab, ob eine Person beweisen kann, was sie weiß.	Die Welt der Zukunft dreht sich um *Beziehungen.* Die Fragen lauten: »Wer sind wir? Haben wir einander zugehört und voneinander gelernt?« Respekt und Aufmerksamkeit beruhen auf gemeinsamen Erfahrungen, Internet-Blogs, zur rechten Zeit an der richtigen Stelle zu sein, oder einfach bei einem Abenteuer mit dabei zu sein.
Kirche ist ein Ort, den man aufsucht, um zu lernen, Gemeinschaft und Fürsorge zu erfahren. Es ist ein Ort der Mitgliedschaft, ein Ort zum Heiraten und Beerdigen und ein Ort, an dem man dazu beitragen kann, Nöten in der nächsten Umgebung oder in der Ferne abzuhelfen.	*Kirche* ist eine Gemeinschaft, die ebenso in Gebäuden wie an Stränden zusammenkommt. Es ist eine Gemeinschaft, die einander zuhört und voneinander lernt. Es geht um Menschen, die gemeinsam Gott anbeten und anderen dienen. Die Kirchengemeinschaft geht gemeinsam durchs Leben. Alle erleben miteinander Leid, Feste und Leidenschaft.

In der »Welt der Vergangenheit« wird das Leben unter dem Mikroskop betrachtet, es unterliegt wissenschaftlichen Regeln. Wissen ist wichtig und die Wahrheit ist absolut. Das Leben ist systematisch, vorhersehbar und geordnet. Eine Person, die in der »Welt der Vergangenheit« aufgewachsen ist, sieht sich als Individuum. Ihr Motto ist »leben und leben lassen«.

In der »Welt der Zukunft« wird das Leben als Weg gelebt, als eine Reise. Erfahrungen sind wichtig und die Wahrheit hängt von den Umständen ab. Das Leben ist zufällig, im Fluss und ändert sich ständig. Eine Person, die auf dieser Seite der »Mischung von heute« aufgewachsen ist, gehört einer Gemeinschaft an, die entweder real oder virtuell sein kann. Ihr Motto ist, »Machen wir's einfach – gemeinsam«.

Wenn wir INteragieren und hervorragende Beziehungen aufbauen wollen, müssen wir lernen, gemeinsam am Tisch zu sitzen, zu kochen und das Leben zu »mischen«. Jetzt ist es Zeit für eine ordentliche Tasse Konversation in der »heutigen Mischung«. Bestell die »Mischung des Tages« und drei Muffins. Geh damit an den Tisch da vorn am Fenster. Kannst du das INteresse der zwei wecken, die in deine Richtung schauen, sodass sie einen Muffin und einen Moment mit dir teilen wollen?

Danke, Dan Kimball, Paul Vieira, Erwin McManus, Rob Bell, dass ihr uns dazu gebracht habt, das Leben in der Mischung von heute zu überdenken. Danke auch an die internationale Gemeinschaft von *TeenStreet*, dass ihr uns erlaubt habt, INteresse mit vielen und wenigen zu teilen.

11. Ein Moment Pause: Was sagt diese Generation?

Bitte höre dieser Generation, die nach Leben sucht, genau zu. In Zeiten, als »normal« modern war, scheuten sich die Menschen vor dem Einzigartigen und Andersartigen. Die Zeiten haben sich geändert. Früher hieß es, »sei nicht so neugierig«. Heute ist »Neugier« eine Notwendigkeit. Hat ein Jugendlicher schon einmal zu dir gesagt: »Du bist so krass«? Sei nicht beleidigt – das ist heutzutage oft ein Kompliment. Alles scheint sich heute nur um das Ich zu drehen. Diese Selbstbezogenheit führt dazu, dass viele junge Leute denken, es dreht sich alles um sie. Irgendwie stimmt das auch! Wenn deine Worte sich nicht um sie drehen, wenn dein Moment nicht ihr Leben verändert und wenn sie kein INteresse an dir finden können, hör am besten auf zu sprechen.

Wir sind jetzt still und lassen sie für sich selbst sprechen.

Einzigartig

Durch mein Leben gehen so viele Leute und Dinge, dass ich manchmal davon total erschöpft bin. Die Leute und Dinge, die mein INteresse wecken, sind die, die anders sind. Wenn das Leben überall gleich ist, in der Schule, zu Hause, in der Jugendgruppe und in der Kirche, wenn meine Welt sich nicht umgestaltet und ändert, hat sie kaum einen Einfluss auf mich. Ich INteressiere mich für Leute, die anders sind, und für Dinge, die mir auf einzigartige Weise präsentiert werden. Bitte nimm dir Zeit und sei einzigartig. Lass zu, dass dein Leben und die Dinge, die dich umgeben, dir immer wieder etwas Neues und Andersartiges zeigen.

Neugier

Zeig mir bitte nicht nur, wie einzigartig das Leben sein kann, sondern entfache mein INteresse! Kannst du mich neugierig machen auf dein Leben, deinen Jesus und das, wofür du stehst? Ich möchte nichts verpassen, das Wert für mein Leben hat. Zeig mit, wie sehr du es liebst oder wie aufregend es ist oder wie wichtig es in deinem Leben ist. Dann will ich es auch nicht verpassen. Ich will mich nicht zu Tode langweilen, aber ich will mich auch nicht im Leben langweilen. Ich will vom Leben gepackt werden. Ich will, dass du meine Aufmerksamkeit erregst. Bitte gib mir etwas, das ich hinterfragen kann. Mach mir Appetit auf etwas Wichtiges! Bevor du mir sagst, was Gott mir sagen will, erzähle mir, was er *dir* sagt und woher du weißt, dass es von Gott kommt. Freunde reden über solche Dinge – bist du mein Freund/meine Freundin?

Unberechenbar

Es heißt, meine Generation ist »postmodern«. Ich weiß gar nicht so genau, was das bedeutet und ich möchte auch kein Etikett von Leuten aufgedrückt bekommen, die selbst nicht wissen, was es bedeutet. Wir haben alle klaren Grenzen und Etiketten hinter uns gelassen. Uns gefällt es, wenn die Dinge unberechenbar sind. Ich kann wirklich mehr als eine Sache auf einmal machen. Ich kann fernsehen, Musik hören und gleichzeitig meine Hausaufgaben machen. Meine Welt ist laut, aber mir macht das nichts aus. Es stört mich nicht so sehr wie dich. Bitte mach nicht die Musik aus, wenn ich versuche zuzuhören oder etwas zu lernen. Ich kann viele einzelne Sachen nehmen und sie miteinander verbinden. Das Leben ist voller Zufälle, wir sind »multitaskingfähig«, sieh dich nur um: Ich kann jederzeit ein- und aussteigen. Wenn ich das Unberechenbare nicht bewältigen kann, lass mich das selbst entdecken. Ich ziehe es vor, auf diese Weise zu leben und zu lernen.

Selbstbezogen

Ich gebe es nur sehr ungern zu, aber wenn etwas nichts mit mir zu tun hat, bin ich überhaupt nicht INteressiert. Wenn es etwas ist, nach dem *ich* mich sehne oder das *mir* etwas bringt, habe ich auch INteresse. Bevor du anfängst, beantworte mir eine Frage: »Was hat das mit mir zu tun?« Welche Bedeutung hat es für meine Freunde/Freundinnen oder meine Welt? Ich bin mit meinen Freunden/Freundinnen auf der Suche nach dem Sinn des Lebens und suche nach meiner Bestimmung und meinen Leidenschaften. Wirst du oder dieser gemeinsame Moment mich meinem Ziel näher bringen? Oder bekomme ich nur Informationen? Bitte versteh, dass mein Leben mir wichtig ist und dass ich täglich Krisen hier und überall in der Welt zu sehen bekomme. Stell das, was du sagen willst, in einen Bezug zu meinem Leben und meinen Zielen.

12. Nur einen Moment Zeit? – Abkürzung INteresse

Wow! Hattest du jemals einen Moment im Leben, in dem dich die Neugier gepackt hat? Hast du jemals erlebt, dass eine neue Erkenntnis ein Feuer des INteresses in deinen Gedanken entfacht hat? INteresse ist ein Vulkan für Seele und Geist, der dich aufweckt, dich in Staunen versetzt und Lebensantriebskraft schafft.

Sobald du INteragiert und eine Verbindung geschaffen hast, muss daraus INteresse hervorsprudeln. Manchmal ist das sehr einfach, aber manchmal scheint es auch fast unmöglich, INteresse zu wecken. INteraktion hilft dir zu erkennen, was für deine Zuhörer INteressant ist. Jesus hat nicht *seine* Geschichten erzählt. Er hat *ihre* Geschichten erzählt. Er erzählte Geschichten, die Neugier und INteresse an der Botschaft weckten, die sie von ihm hören mussten.

INteresse schafft eine Verbindung zwischen dem Zuhörer und dem Thema.

INteresse – Wer? Zu wem hast du Beziehungen aufgebaut? Wer muss sich jetzt von deiner Botschaft angesprochen fühlen? Beschreibe diese Menschen. Was sind ihre Bedürfnisse in Bezug auf ihre INteressen? Wen möchtest du packen und mit deiner Botschaft in Verbindung bringen? Sind diese Menschen neugierig oder nehmen sie Anteil? Sind sie an Sport oder Kunst interessiert, musst du sie zum Lachen bringen oder brauchen sie eher einen etwas schmerzhaften Impuls? Stehen sie vor einem Musik-Moment oder sind sie auf dem Weg zu einem dramatischen Moment? Auf wen richtest du dein INteresse?

INteresse – Wo? Wo sind diese Menschen? Stehen sie allein herum, sitzen sie mit ein paar Freunden zusammen oder sind sie »einer von vielen«? Wo wollen sie sein? Um ConneXellence in Gang zu setzen – um deine nächste hervorragende Beziehung mit einem Einzelnen, mit Mehreren oder mit einem Publikum zu knüpfen –, musst du sie in Staunen versetzen. Sie müssen entweder neugierig auf dein Thema oder davon betroffen sein. Begeistere sie für das bevorstehende Abenteuer.

INteresse – Was? Was ist Staunen? Was ist Neugier? Was ist Anteilnahme? Das hängt davon ab, wer du bist und ob du aus der »Welt der Vergangenheit« kommst, wo das Leben einer Ordnung unterliegt, oder aus der »Welt der Zukunft«, wo einzigartige Gruppen alle das »Tagesgericht« bestellen. INteresse bedeutet Konzentration. INteresse ist nicht Aufmerksamkeit, die schnell gewonnen und zerronnen ist, sondern es muss gefesselt werden. INteresse ist eine Kunst, eine Fähigkeit in einer Welt mit vielen – allzu vielen – INteressanten Leuten und

Dingen. Um INteresse zu wecken, musst du verstehen, dass Konzentration beim »Ich« beginnt. Die meisten Leute sind selbstbezogen, unabhängig von dem, was ihr Wertesystem vorschreibt. Die Wahrheit muss INteressant sein und sie berühren, tief und bedeutungsvoll. Die Menschen sind auf der Suche nach dem Einzigartigen, also sei anders. Sie sind auf der Suche nach dem Unberechenbaren, also lass noch etwas Raum für Überraschungen. Sie sind neugierig, also sei geheimnisvoll – mache ihnen Appetit, rege sie zu Fragen an und zum Suchen und Finden. Wenn die, zu denen du eine hervorragende Beziehung hast, kein INteresse an dir oder deiner Botschaft haben, dann musst *du* mehr INteresse an *ihnen* und ihrer Botschaft an dich haben. Alle gemeinsamen Erlebnisse können dazu dienen, eine Verbindung zwischen ihnen und deiner Botschaft herzustellen.

INteresse – Warum? Warum ist INteresse so wichtig? Warum müssen wir heute anders kommunizieren? Warum müssen wir so viele visuelle Medien und Illustrationen verwenden? Warum braucht diese Generation unsere Hilfe, um die Verbindung zur Wahrheit herzustellen? Wir leben in einer Zeit, in der gut schlecht ist; heiß ist kalt, Individualismus ist Gemeinschaft und Erfahrung ist Fakt (bis eine andere Erfahrung gemacht wird). Die Welt ist nicht mehr rund, wo oben und unten leicht zu bestimmen ist, sondern eine Scheibe mit vielen Möglichkeiten auf einer Ebene. Um eine Beziehung zu den Menschen aufzubauen und sie mit der Wahrheit in Berührung zu bringen, müssen wir bereit sein, uns mit ihrer kunterbunten Welt auseinanderzusetzen und uns diese sogar zu eigen zu machen.

INteresse – Wie? Wie kann jemand, der aus einer Generation stammt, die mit Drei-Punkte-Predigten mit einem Witz und einer abschließenden Geschichte aufgewachsen ist, wo Verpflichtungen mit erhobener Hand und aufrechter Haltung eingegangen werden, INteressant leben? Zuallererst müssen wir daran denken, dass wir Menschen sind, die gern staunen. Stelle deine eigenen Fragen. Heutzutage wird von uns nicht erwartet, dass wir alle Antworten haben. Es wird von uns erwartet, dass wir mit dem Rest der Welt gemeinsam staunen. Es ist ein großer Augenblick, wenn wir zugeben, dass wir frustriert sind, wenn wir zugeben, dass wir gescheitert sind und das Unmögliche versuchen. Wir können nicht jemand anders sein und wir können unsere Zuhörer nicht in vergangene Realitäten versetzen. Wir müssen in der heutigen Mischung aus der »Welt der Vergangenheit« und der »Welt der Zukunft« unser INteressantes Leben leben und ihr unsere INteressante Botschaft überbringen.

INteresse – Wann? Wann? Jederzeit! Hast du ein Thema, das *jetzt* gehört werden und das auf das Leben einer Person angewendet werden muss? Dann ist *jetzt* die richtige Zeit. Wir alle müssen uns die Zeit nehmen, die nötig ist, um INteresse zu schaffen. Denn wenn das INteresse geweckt ist, ist derjenige, zu dem wir die Beziehung hergestellt haben, bereit, auf eine Erkundungs- und Entdeckungsreise zu gehen. INteresse bringt ihn oder sie dazu, nach ConneXellence zu suchen.

Im Moment 13, den das *Duzie-Museum der Kunstmomente* präsentiert, stellen wir 25 Arten der INteraktion bereit. Schau dir die Ideen an und such dir aus, was dich INteressiert. Probiere eine oder mehrere der Ideen aus. Es kann sein, dass du in der Folge entdeckst, dass zwischen deinem Thema und deinem Zuhörer eine Verbindung entstanden ist.

13. Das Duzie-Museum der Kunstmomente präsentiert: 25 kreative Wege INteresse zu wecken

Unten findest du 25 Arten, die wir entwickelt oder neu entwickelt haben, um Leute, zu denen wir eine Beziehung aufbauen wollen, zu INteressieren. Wir führen sie hier in unserem *Duzie-Museum* zu deinem Nutzen vor. Nichts davon ist heilig, nur kreativ. Du kannst alles anfassen, wenn du willst. Füge eine Überraschung hinzu, verändere Dinge, nimm den Zeitfaktor weg und vor allem, genieße die Besichtigung unserer Lieblings-Anknüpfungspunkte.

1. *Knüpfe an ein Hobby an* – Was machst du am liebsten? Tiefseetauchen, Briefmarken, Segeln, Sandmalerei und Sudoku finden viele Leute INteressant. All das kann auch für Leute INteressant werden, die es noch nie versucht haben. Nimm dein Thema und bring es deinem Zuhörer durch ein Hobby näher, das du magst oder das er mag. Zum Beispiel kannst

du das Hobby »Surfen« mit dem Thema »Leben« verknüpfen: Viel Zeit vergeht mit dem Warten auf die nächste Welle im Leben, es gibt Höhen und Tiefen, schmerzvolle Momente und den Kick, ganz oben auf der Welle zu reiten.

2. *Knüpfe an einen Film an* – Welchen Film hast du zuletzt gesehen? War es ein Knüller oder eine Zeitverschwendung? So oder so, es kann eine sehr starke Verbindung für das Gespräch sein. »Bambi« und »Rocky«, »Vom Winde verweht« und »Der 100 000 $ Fisch« enthalten alle Momente von Verlust, Veränderung, Schmerz, Hoffnung und Mut. Geh nicht einfach nur Filme ansehen. Beobachte, schaffe INteressante Verbindungen zu allen Lebensbereichen und darüber hinaus. Du und deine Zuhörer werden es nicht bereuen.
3. *Knüpfe an eine Geschichte an* – Dein Leben ist voller Geschichten – erinnere dich an sie und verknüpfe sie mit deinem nächsten Gespräch. Auf dem Weg zum Arzt …, neulich am Telefon …, als ich in der 4. Klasse war …, hast du schon gehört …? Und dann geh über den Moment in deiner Lebensgeschichte hinaus und sprich über das, was du gelernt, gedacht oder gefühlt hast. Sprich darüber, wie es war und wie du deine Lektion gelernt hast. In Geschichten steckt Leben – deines! Benutze es, um andere mit einer Wahrheit in Verbindung zu bringen, die du entdeckt hast.
4. *Knüpfe an ein Problem an* – Hast du ein Problem? Wer nicht? Warum einen Moment von Frustration, Sorge oder Staunen nutzlos vergehen lassen? Egal ob du dich in einer Krise befindest oder gerade durch eine Krise gegangen bist, du hast starke emotionale Erinnerungen. Reich sie an jemanden weiter, der vielleicht in einer ähnlichen oder vollkommen anderen Situation steckt. Unsere Probleme stecken voller Emotionen und sind wirkungsvolle Verbindungen für diejenigen, mit denen wir im Gespräch sind. Wir müssen einfach die positiven und negativen Lebensverbindungen zwischen unseren Problemen und unserem derzeitigen Leben aufzeigen.
5. *Knüpfe an ein Talent an* – Was kannst du spielen, jonglieren, bauen oder schreiben? Was hat dich am Talent einer anderen

Person fasziniert? Benutze das, um diese Gedanken und Erfahrungen mit dem Leben und der Lektion, die du vermitteln willst, zu verknüpfen. Denke über die Fähigkeit an sich hinaus an die praktische Anwendung. Was hast du, was haben andere aufgegeben, um etwas zu erreichen? Was hat es gekostet, welcher Einsatz war nötig? So kannst du großes INteresse in vielen Bereichen von Lernen, Leben und Liebe fördern.

6. *Knüpfe an eine Tragödie an* – Stell deinen Fernseher an oder schlage die Zeitung auf und du hast eine Tragödie vor Augen. Denk an die großen Ereignisse in deiner Nachbarschaft oder deinem Land. An die meisten davon wirst du dich schnell erinnern. Es gibt immer noch Gefühle, Freude und Frustrationen, die mit diesen Momenten verbunden sind. Benutze sie sehr behutsam, um jetzt eine Verbindung herzustellen. Benutze sie, um für einen Moment dein Leben mit dem von anderen, die Lebensalbträume durchmachen, zu tauschen. Das sind starke Verbindungspunkte, mit denen vorsichtig umgegangen werden muss, die aber dennoch immer wieder hergestellt werden müssen. Hilf deinen Zuhörern, die Verbindung zwischen diesen unvorstellbaren Ereignissen und dem, was sie gerade denken, zu erkennen.
7. *Knüpfe an einen Sieg an* – Man sagt: »Wie gewonnen so zerronnen«. In den Momenten des Sieges kannst du die Feierstimmung nutzen, um an eine gegenwärtige Situation anzuknüpfen. Die schwere Arbeit, Beharrlichkeit und der Einsatz werden gewürdigt. So verhält es sich auch mit unseren Wünschen, Beziehungen, Zielen und Träumen. Sie können alle zu Siegen führen, aber dem geht immer ein Kampf voraus. Lebe für das, was jenseits des Siegesmoments liegt.
8. *Knüpfe an ein Spiel an* – Spielst du gerne? Es ist wohl so, dass Leute Spiele entweder lieben oder hassen. Spiele bilden Gemeinschaft, es sei denn, du bist ein schlechter Verlierer. Benutze ein Spiel – ob nun ein Brettspiel oder ein Sportspiel –, um eine Wahrheit zu verdeutlichen. Die Verknüpfung kann in den Regeln, Spielern, der Leidenschaft oder der Fähigkeit, kluge oder dumme Entscheidungen zu treffen, liegen.

9. *Knüpfe an Versagenserfahrungen an* – Versetze dich in eine vergangene Situation zurück. Hast du schon einmal versagt? Hast du jemals darüber gesprochen? Haben deine Zuhörer jemals einen Blick in dein Leben werfen dürfen? Du hast etwas in den Sand gesetzt und es überlebt. Vielleicht hast du als Beweis dafür Narben davongetragen. Vielleicht sind Beziehungen zerbrochen und du bedauerst es. Vielleicht hast du deine Lektion daraus gelernt. Dies sind alles großartige Anknüpfungspunkte aus dem »wirklichen« Leben für deine Zuhörer. Unterricht basiert allzu oft auf »Mach dies« und »Mach das nicht«. Warum nicht etwas hinzufügen wie »Ich habe das gemacht« und »Jetzt werde ich nicht mehr…« oder »Ich würde nicht…« und »Ich wünschte, ich hätte…«.
10. *Knüpfe an ein Bild an* – Es heißt, ein Bild sagt mehr als tausend Worte; warum reduzieren wir also nicht die Lärmbelästigung und erlauben den anderen, selbst hinzuschauen. Es kann ein Bild von dir selbst sein oder einem dir nicht bekannten Menschen oder Ereignis. Jedes Bild steckt voller Fragen, die gestellt werden müssen, und Kommentare, die unausgesprochen bleiben. Benutze Bilder von Glück, Trauer, Reichtum, Armut, Alter, Jugend, Freude oder Schmerz, um eine Verbindung zu deinem Thema herzustellen. Erlaube deinen Bildern, tausend Worte und Gedanken in deinem Gespräch anzustoßen.
11. *Knüpfe an ein Gedicht an* – Erinnerst du dich an dieses Gedicht aus deiner Kindheit? Erinnerst du dich an jenes Gedicht aus dem Krieg? Erinnerst du dich an dieses Gedicht über die Natur? Erinnerst du dich an das Gedicht, das dich so tief berührt hat? Gedichte sind Lieder ohne Melodie, die ungesungen bleiben und viel zu früh verblassen. Gedichte können viele verschiedene Anknüpfungspunkte schaffen und zu vielen verschiedenen Gelegenheiten eingesetzt werden. Benutze Gedichte, deine eigenen oder ihre. Gedichte helfen, dass die Wahrheit in Erinnerung bleibt und erkannt wird.
12. *Knüpfe an ein Telefongespräch an* – Neulich bekam ich einen Anruf von… oder besser: Benutze den Anruf, den du mitten in deinem Gespräch bekamst. Jeder hat schon einmal ein Telefon

benutzt. Für viele ist es ihr bester Freund. Bring die Minuten, Erinnerungen, Telefonrechnungen oder ein verlorenes Telefon mit deinem Thema in Verbindung. Jeder kennt sich aus mit Telefonverbindungen und kann sich an einige erinnern, also nutze sie.

13. *Knüpfe an einen Werbespot an* – »Hast du den neuen Werbespot gesehen?« Hast du diesen Satz schon einmal gehört? Gewöhnlich knüpft er an etwas an, was jemand *eigentlich* sagen möchte. Werbespots sind sehr wirksam. Es werden Millionenbeträge ausgegeben, um sie zu entwickeln, zu produzieren und zu senden. Nutze sie, sprich über sie, mache dich lustig über sie, fasse sie in andere Worte. Werbespots können langfristige Erinnerungen schaffen und an dein Thema anknüpfen. Stell dir vor, jedes Mal, wenn jemand in Zukunft den Werbespot sieht, würde er an das denken, was du zu ihm gesagt hast! Das ist wirksam!
14. *Knüpfe an einen Traum an* – Verknüpfe deinen Traum mit ihrem Traum. Träume projizieren Hoffnung. Hoffnungen und Wünsche haben einen starken Einfluss auf das Leben eines Menschen. Benutze Träume, um an dein Thema anzuknüpfen. Jemand träumt davon, in einer Band zu spielen, und du sprichst über Verantwortung. Der Zusammenhang ist klar. Proben, Auftritte, Werbung, Öffentlichkeitsarbeit und Beziehungen innerhalb der Band, Verkauf des Produktes, Transport, Verhandlungen und Terminplanung – das alles hat etwas mit Verantwortung zu tun.
15. *Knüpfe an ein Kunstwerk an* – Skulpturen, Bilder, Zeichnungen und Mode sind alles Kunstformen. Sie sind Leidenschaft und Fingerfertigkeit. Um sehr gut zu werden, musst du viele nicht so gute Kunstobjekte schaffen. Eines Tages entdeckst du dann deinen eigenen Stil, dein eigenes Markenzeichen und deine eigene Art, Kunst zu gestalten. Wenn jemand etwas sieht, das du geschaffen hast, weiß er, es stammt von dir. Image ist alles in der Kunstwelt. Verknüpfe deine Kunstwerke mit der Botschaft oder den Gedanken, die du vermitteln willst.

16. *Knüpfe ans Wetter an* – Egal, wo auf der Erde du dich befindest, es gibt immer Wetter. Du brauchst nicht nach dem Wetter zu suchen, es ist ganz einfach da. Wetter ist ein Anknüpfungspunkt. Die Jahreszeiten, gutes oder schlechtes Wetter, Regen für den Garten oder Regen beim Fußballspiel. Durch das Wetter können wir unsere Umgebung begreifen. Wie ist unser persönliches Wetter heute? Überwiegend sonnig oder teilweise bewölkt? Was verursacht dieses »Wettergeschehen«? Dies sind alles Verbindungen, die du in deinem nächsten Gespräch nutzen solltest. Das Wetter ist ständig mit unserem Leben verknüpft, warum knüpfen wir dann nicht einfach am Wetter an?
17. *Knüpfe ans Essen an* – Gut oder schlecht, lecker oder eklig, gesund oder ungesund, Fast Food oder Delikatesse …; dies sind alles Möglichkeiten, Essen zu beschreiben. Einige dieser Beschreibungen hängen davon ab, wer kocht und was im Fernsehen läuft. Jeder hat eine Meinung über Essen. Nur gutes Essen kann unseren starken Geschmackssinn zufriedenstellen. Vergleiche einmal eine Boulette, die du zu Hause brätst, mit der aus dem Schnellrestaurant, oder besser noch, ein Grillsteak. Es liegt ein himmelweiter Unterschied zwischen der Aufnahme von essbaren Speisen und einem vollkommen gestillten Appetit. Stelle die Beziehung her zwischen dem, was uns zufrieden stellt, und dem, was in uns ein Gefühl der Leere hinterlässt.
18. *Knüpfe an eine Verletzung an* – Hast du dir jemals etwas gebrochen oder eine Narbe geholt? Dies sind Geschichten, die verbunden sind mit dummen, risikoreichen, heldenhaften, bedauernswerten, unglücklichen und unvergesslichen Entscheidungen. Niemand ist unverletzbar und jeder hat schon entweder eine eigene Verletzung erfahren, gesehen, wie jemand verletzt wurde, oder jemandem eine Verletzung zugefügt. Verbinde diese Erfahrungen mit dem »wirklichen« Leben wie ein geschickter Arzt. Wofür steht eine Narbe? Wofür steht ein gebrochener Knochen? Wie lange bleibt die Verletzung? Wie lange haben wir Schmerzen? Wie lange bluten wir, humpeln wir, schirmen wir unsere Verletzungen ab?

19. *Knüpfe an eine Reise an* – Wohin bist du gereist, wie bist du gereist, was hast du gesehen, mit wem bist du gereist? Welche unerwarteten Dinge sind geschehen? Was waren die besten Geschichten? Verknüpfe einen Urlaub im Gebirge, auf dem Meer, im Wald oder bei deiner Oma mit deinem INteressanten Thema. Diese Arten von Verbindungen erlauben anderen Menschen, mit dir an neue Orte zu reisen, helfen ihnen, ihr Leben besser zu verstehen.
20. *Knüpfe an ein übernatürliches Erlebnis an* – Diese Dinge passieren nicht alle Tage, aber sie kommen vor. Oft sprechen wir nicht gerne darüber, weil wir Angst haben, dass man uns für verrückt hält. Wenn du das Privileg hattest und etwas Unerklärliches erlebt hast, verknüpfe es irgendwie mit deinem nächsten Gespräch. Es passt gut zu deinem Glauben an etwas, das nicht vollständig zu erklären ist, zur Erfahrung von etwas vollkommen Neuem, zu dem Moment des Staunens mitten in einem spirituellen Erlebnis. Wenn du noch nie so etwas erlebt hast, denke es dir nicht aus und stiehl nicht von anderen. Aber wenn du es erlebt hast, scheue dich nicht, es mit anderen Geheimnissen des Lebens zu verknüpfen.
21. *Knüpfe an ein Kindheitsspielzeug an* – Hattest du ein besonderes Spielzeug, als du klein warst? Hast du es immer noch? Wo ist es? Warum war es dein Lieblingsspielzeug? Woher hast du es? Wie alt warst du? Das alles sind Fragen des Lebens … deines Lebens. Verbindungspunkte zu deiner Welt und der Welt deiner Mitmenschen. Hast du das Spielzeug verloren? Hat es jemand weggenommen? Bist du erwachsen geworden und fandest, es war Zeit, es wegzutun? Wie hat sich deine Beziehung zu dem Spielzeug verändert, als du älter wurdest? Ein Spielzeug steckt voller Lebensverbindungen und ist sehr INteressant für deine Zuhörer.
22. *Knüpfe an einen Namen an* – Hat dein Name eine Bedeutung? Ist er jüdisch, indisch, deutsch oder griechisch? Erkläre, was er bedeutet, oder welchen Namen du gerne gehabt hättest. Frage deine Zuhörer, wenn sie ihren Namen aussuchen könnten, welchen sie wählen würden und was die Bedeutung ihres neuen

Namens wäre? Diese Namensfrage hat eine Verbindung zu den Wünschen der Menschen. Deine Zuhörer denken über sich selbst nach, darüber, wer sie sind oder gerne wären.

23. *Knüpfe an eine Person aus der Bibel an* – Die Bibel steckt voller Helden. Es gibt Väter, Mütter, Gefangene, Führungspersönlichkeiten, Sünder, Krieger, Könige, Leprakranke, Bauern und Fischer. Die Bibel hat sie alle, außer dem antiken Computerfreak (ein Freak wäre vielleicht auch kein Held, oder?). Nimm eine Person aus der Bibel und hauche ihr Leben ein. Wie fühlte sie sich und was dachte sie? Was hat er gehört und wonach sehnte er sich?
24. *Knüpfe an eine Herausforderung an* – Heutzutage versucht jeder, immer bessere Leistungen zu erbringen. Radfahrer, Wanderer, Läufer, Kämpfer, Schriftsteller und Erfinder, alle versuchen, besser als der Rest zu sein. Bau doch einige dieser Herausforderungen in dein nächstes Treffen oder deinen nächsten Vortrag ein. Vieles lässt sich spontan umsetzen, von Fingerhakeln bis zu »Schere, Stein, Papier«. Alles kann eine Herausforderung darstellen und alles kann eine Verbindung zu einem Thema haben, in dem es darum geht, sich anzustrengen oder sich zurückzuhalten.
25. *Knüpfe an eine Angst an* – Wovor hast du Angst? Sag es deinen Zuhörern. Ist es die Dunkelheit, Schlangen, für lange Zeit eingeschlossen oder allein zu sein? Erkläre eine deiner Ängste und warum du sie deiner Meinung nach hast. Lass deine Zuhörer eine ihrer Ängste gestehen und erklären, warum sie vielleicht diese Angst entwickelt haben. Das verbindet sich sehr gut mit der Frage, was wir fürchten sollten und was nicht und wie wir anderen mit unseren Ängsten helfen oder sie behindern können. Können wir die Angst überwinden und verstehen, wie Angst und Sehnsucht einander ausgleichen?

Weiter unten findest du noch einige andere Anknüpfungspunkte, die du nutzen kannst und solltest. Hab Spaß bei dem Abenteuer, INteresse zu schaffen, indem du alltägliche Ereignisse mit deinem Thema verknüpfst.

Du kannst an eine Person, eine Hoffnung, eine Errungenschaft, ein Bedürfnis, einen Sport, ein Geheimnis, einen Preis, ein Projekt, die Vorstellungskraft, eine Erfindung, eine Idee, einen Ort, ein Experiment, eine Kultur, eine Frage, einen Kommentar, ein Lied, eine Nachricht, einen Erfolg, eine Unmöglichkeit, ein Handwerk, eine Überraschung, eine Veränderung, Geld, eine Investition, einen Geruch, ein Tier, ein Datum, eine Ungerechtigkeit, eine Beziehung, eine Überraschung, eine Fantasie, eine Gefahr, ein Thema, einen wertvollen Gegenstand, ein historisches Ereignis, eine Begegnung mit einem besonderen Menschen, einen Beruf oder einen Moment des Ruhms anknüpfen.

Du wirst es nicht bereuen.

14. Dein unvergesslicher Moment

Wir geben diesen Moment wieder in deine Hände. Bitte plane deinen nächsten ConneXellence-Moment. Wie wirst du das INteresse deines Gesprächspartners fesseln? Lass zu, dass sich das Staunen in dir entfaltet – für dich *und* deine Zuhörer. Denk über Sehnsüchte nach, sieh dich neugierig um und mach dir keine Sorgen. Wir hoffen, die folgenden Fragen helfen dir auf deiner Reise.

1. Hat deine INteraktion dich zu einem, mehreren oder einem ganzen Publikum geführt? (Bitte liste Namen, Orte und Ereignisse auf.)
2. Welche Wahrheit sollen deine Zuhörer erfahren und auf ihr Leben anwenden?
3. Was sagen Gott, deine eigene Erfahrung und andere über diese Wahrheit?
4. Welche Geschichte, welcher Gegenstand oder Film, welcher Zaubertrick oder welche Illustration wird die Wahrheit INteressanter und denkwürdiger machen?
5. Wie willst du deine Wahrheit mit einem INteressanten Detail verknüpfen?
6. Woran erkennst du, ob dieses INteressante Detail einen Verbindungspunkt geschaffen hat? Worauf zielst du ab? Welche

emotionale Bindung wäre am besten? Woran erkennst du, dass das INteresse der anderen geweckt ist und sie darauf warten, über den Moment hinauszugehen?

7. Schließlich noch ein Rat. Mach die Sache mit dem INteresse nicht zu kompliziert. Es ist am besten, wenn es von deiner Lebenserfahrung stammt, von einer Sache, die du erstaunlich oder wunderbar findest. Nimm dir Zeit und erkundet diese INteressanten Momente gemeinsam. Freu dich an dem Moment und fang Fische!

15. Ein Duzie-Moment

Wir sind am Ende des Pfades angelangt, der vor wenigen Momenten am »Wegweiser Nummer Zwei: INteresse« begann. Hoffentlich hat die Reise Staunen in dir geweckt. Halte einen Moment an diesem Halt- und Startpunkt inne. Schau dir deine eigene Erkundungs- und Entdeckungsreise an. Was hat dich von einem Weg auf den nächsten geführt? Woran bist du INteressiert? Ist es am besten, wenn du diesen Moment mit Sport verknüpfst oder mit Kunst, Geheimnisvollem, Musik, Erinnerungen, Bildern von Schmerz oder Geschichten der Hoffnung? Ruhe dich einen Moment aus und lass deine Gedanken in deine Vergangenheit schweifen. Suche nach Verknüpfungen mit der Wahrheit.

1993 reisten wir mit der Familie nach Südafrika. Es war die erste von vielen Reisen auf die Südhalbkugel. Wir waren umgeben von verschiedensten Menschen, wunderschöner Natur und der Wildnis.

Innerhalb von dreißig Tagen absolvierten wir 93 Programme. Wir erinnern uns, dass wir uns einen Tag freigenommen hatten. Wir fuhren in Richtung Cape Point, um zu sehen, wo die Ozeane ineinanderfließen und die Tiere sich frei bewegen. Suzie war noch nie auf der linken Seite der Straße gefahren. An diesem Tag war sie daran INteressiert, es zu versuchen. Eine Freundin saß neben ihr auf dem Beifahrersitz und Dan saß zwischen unseren beiden Jungs, Joshua, damals drei Jahre, und Josia, erst drei Monate alt.

Am Kap angelangt, sahen wir viele Tiere, aber die neugierigsten waren die Paviane. Sie saßen am Straßenrand, in der Hoffnung, mit jemandem zu INteragieren, der vorbeifuhr, anhielt und Bilder machte. Also taten wir das!

Ein sehr großes Pavianmännchen kam auf unseren Mietwagen zu. Wir hielten den Moment auf Fotos und Video fest. Dann sprang er auf unsere Kühlerhaube und beugte sich vor, um uns durch die Windschutzscheibe anzusehen. Wir sagten »Wow!«, »Schau mal, wie groß der ist«, »Schau dir seine Arme an« und »Sieh mal, seine Zähne«. Wir wissen nicht, was er über uns sagte. Im nächsten Moment sprang er durch das Beifahrerfenster in Richtung Joshua auf den Rücksitz. Dan stoppte das fauchende Biest mit seinem ausgestreckten Arm mitten im Flug. Das bremste das Tier, aber es renkte Dan auch die Schulter aus. Der Pavian landete auf Joshuas Schoß und voller Panik kletterte er über Dans Kopf und klammerte sich an Baby Josia. Auf einmal war es sehr INteressant! Die Person auf dem Beifahrersitz fürchtete um ihr Leben, schrie auf, sprang aus dem Auto und knallte die Tür zu. Dan rang mit dem Pavian und zog ihn von Baby Josia herunter, an dem entsetzt schreienden Joshua vorbei und zwang ihn auf den Boden in der Fahrerkabine. Er griff das Tier im Nacken und am Kiefer und drückte es auf den Boden. Dabei zog er sich mehrere Wunden von den Krallen der Bestie zu – und all das mit ausgerenkter Schulter!

Suzie blieb in der Zwischenzeit ruhig hinter dem Steuerrad sitzen und fragte sich, wann Dan den Affen loswerden würde. Dan dachte, sein Leben wäre vorbei, denn diese Tiere haben die Kraft von drei Männern. Er wollte die Bestie töten, aber auch seine Familie retten. Er schrie, dass jemand die Tür öffnen sollte. Dann schob Dan – wohl mit der Hilfe von Engeln – den Pavian mit dem Gesicht zuerst durch die Tür. Die Bestie hat sich nicht einmal umgesehen, bis sie auf einem entfernten Hügel angekommen war.

Und hier kommt das INteressanteste: Dan ist mit großen Hunden aufgewachsen und liebt es, sich mit ihnen zu balgen. Er wusste, wie man mit großen Tieren umgeht. Suzie war daran INteressiert zu fahren, was sie vom Rücksitz und der Gefahrenzone fernhielt. Unserer Freundin tat es leid, dass sie das Fenster offen gelassen hatte, aber sie hat die ganze Sache auf Video festgehalten (ein tolles Video!). Joshua hatte danach Angst vor allen Tieren und seine Großeltern haben ihm später einen Hundewelpen geschenkt. Josiah schlief wieder ein. Keiner hatte einen Kratzer abbekommen außer Dan, und sein Arm tat nur noch sieben Jahre lang weh. Aber es hätte viel schlimmer kommen können. Wir hielten an, bevor wir am Kap ankamen, und beteten wie nie zuvor um Schutz. Wie wir später erfuhren, wurde der Pavian gesucht, weil er in der vergangenen Woche einen Mann getötet hatte. Die Bestie wurde getötet. Dan war daran INteressiert, den Kopf zu bekommen, aber er bekam nur eine INteressante Geschichte.

Wir haben diese Geschichte benutzt, um an alle möglichen Themen anzuknüpfen: die Kämpfe, denen wir ausgesetzt sind, Gebet, schlechte Dinge, die guten Menschen widerfahren, Schutz, Angst und jetzt INteresse.

Dies ist nur einer der Duzie-Momente, die wir benutzt haben, um ein Staunen zu wecken, das die Blickrichtung von Neugier oder INteresse beeinflusst. Wenn man eine Wahrheit mit einem INteressanten Moment verknüpft, schafft man erinnerungswürdige Momente. Wir glauben, dass das funktioniert. Und wir ermutigen dich, die Kunst des INteresses zu praktizieren und zu perfektionieren. INteresse öffnet eine Tür zur Erfahrung, was deinen Zuhörer zu einer Verbindung mit dem Thema und zum »Wegweiser Nummer Drei: INvolvieren« bringt.

Der Pavian ist tot, das Auto wieder sauber und es gibt keinen Grund, länger auf der Straße zu bleiben. Das Land INvolvieren liegt direkt vor uns. Auf geht's!

Wegweiser 3 – INvolvieren

0. Einführung INvolvieren

Stelle dir INvolviertsein so vor, als ob du eine Eintrittskarte für ein Spiel kaufst. Dann arbeitest du dich vorsichtig und mit INteresse von der hinteren Sitzreihe auf die Spielerbank vor. Mitgerissen von der Intensität des Moments, rennst du über die weiße Linie, fängst den Ball ab und schießt ein Tor – vielleicht das entscheidende Tor. Die Mannschaft zweifelt nicht an deinen Fähigkeiten, sie zählt nicht die Spieler auf dem Feld und sie fragt nicht nach deinen Referenzen. Das bedeutet es, INvolviert zu sein!

Bei einem Sportereignis bewegen sich die Leute, sie feuern an, schreien, essen, trinken, lachen und vieles mehr. Sie schaffen einen Moment, der nur in der Gemeinschaft erfahren werden kann. Tun wir als Redner, Mentoren und Eltern das Gleiche? Schaffen wir für den jungen Menschen oder den Raum voller Leute eine Verbindung zu der Wahrheit, die sie selbst erfahren können? Es ist unsere Aufgabe als Redner, unsere Zuhörer zur Beteiligung einzuladen. Wenn jemand ein Sportereignis verlässt, hat er etwas erlebt. Vielleicht hatte er ganz viel Spaß, hat sich heiser geschrien und kann trotzdem nicht aufhören, vom Spiel zu erzählen. Vielleicht ist er traurig, emotional ausgelaugt und will überhaupt nicht darüber sprechen. Wie dem auch sei, er hatte Anteil an dem Geschehen, diese Erfahrung gehört ihm. Die Erinnerungen bleiben ihm für Jahre erhalten, weil er INvolviert war.

Nimm dir einmal einen Moment Zeit und denk über dein Leben nach. Schau dir die nachfolgende Liste genau an. Dann mach einen Kreis um die Erfahrungen, die du aus dem theoretischen Unterricht mitgenommen hast, und ein Kästchen um die, die aus dem praktischen Leben stammen.

laufen	zählen
sprechen	fahren

essen
kochen
lesen
denken
zuhören
Liebe
Vergebung
Freundschaft
tanken
pfeifen
Geschenke einpacken
fotografieren
Rechnungen bezahlen
einen Reifen wechseln
ein Instrument spielen
im Internet chatten
Hoffnung
deinen Namen schreiben
das Haus sauber machen
den Müll raustragen
dienen
Geschichten erzählen
Sport treiben
deine Arbeit machen
die Uhr lesen
Mitgefühl
zur Kirche gehen
schlafen
glauben
eine Kreditkarte benutzen
in einem Komitee mitarbeiten
ein Haus bauen
ein Auto kaufen
Freunde beraten
ein Kind großziehen
lügen
sich verabschieden
ein Zimmer einrichten
Lieder singen
beschützen
anderes

Wir alle lernen auf unterschiedliche Weise, aber das meiste, was wir wissen und in unserem täglichen Leben benutzen, beruht auf Erfahrungen. Aber der meiste Unterricht findet in Form von Vorträgen statt. Wir sind schnell dabei, von jemandem zu verlangen, sich etwas zu merken, aber wir tun uns schwer dabei, Lernerfahrungen zu schaffen.

Lernen durch Erfahrung wird oft als Spiel oder Kinderspiel abgetan, aber wenn du daran denkst, wie du das meiste gelernt (und nicht nur aufgenommen) hast, dann ging es aus Erfahrungen hervor. Ein Vortrag kann uns beibringen, warum etwas geschehen ist; er kann uns Richtlinien, Methoden und Grenzen zeigen. Er kann sogar versuchen zu erklären, wie andere diese bestimmte Erfahrung sehen und jene Fragen beantworten. Aber erlebnisorientiertes Lernen stellt uns ein Labor zur Verfügung. Es macht ein Thema greifbar, nachfragbar, anwendbar und INteressant. Es schafft ein Bedürfnis nach einer Antwort.

Prüfungen können zeigen, wie viele der Informationen, die entweder mündlich gegeben oder wiederholt gelesen wurden, du behalten hast. Ein Test kann zeigen, ob eine Person aufmerksam war oder die Informationen wiederholen konnte. Aber er kann nicht überprüfen, ob dein INteresse geweckt wurde. Für INteresse braucht man eine Gelegenheit aufzustehen und sich die Hände in den verschiedenen Laborräumen des Lebens schmutzig zu machen. Prüfungen versuchen herauszufinden, ob wir die richtige Antwort wissen, aber Beteiligung schafft Raum für Erkundungen und persönliche Entdeckungen.

Über die letzten Jahre hat sich (im englischsprachigen Raum) ein neues Wort entwickelt: *Edutainment*[3]. Edutainment benutzt ein unterhaltsames Ereignis, um die Bildung zu fördern und auch um zu amüsieren und INteresse zu schaffen. Viel zu lange haben Referenten versucht, Lernen und Spaß oder das, was die Leute sowieso INteressiert, voneinander zu trennen. Menschen allen Alters lieben es, unterhalten zu werden. Sie lieben es zu lachen, zu weinen, zu fühlen, zu sehen und zu erfahren. Wenn die Momente, die heute Unterhaltung ausmachen wie Fernsehen, Computer- und Videospiele, Sport, Hobbys, Filme, Musik, Internet, Mode und Einkaufen Teil der »heutigen Mischung« sind, in der wir leben, dann können wir sie auch nicht von der Bildung trennen. Heutzutage muss Lernen in einer Umgebung stattfinden, die Lebenserinnerungen und nicht nur Kopfwissen fördert. Wir müssen die Menschen dazu anregen, sich zu beteiligen, wenn wir sie mit unserem Thema in Berührung bringen wollen. Ein Thema, das wahr ist und zu dem die Leute eine Beziehung haben, das ihnen vertaut ist und das sie amüsiert, wird sogar länger in ihren Lebenserfahrungen bleiben als der Moment oder die Erfahrung selbst.

Warum wohl müssen Ärzte, Sozialarbeiter, Lehrer, Piloten, Kapitäne und andere Experten monate- und jahrelang außerhalb des

3 Ein Kunstwort, das sich aus *education* (Deutsch: Bildung) und *entertainment* (Deutsch: Unterhaltung) zusammensetzt (Anm. d. Übers.).

Klassenzimmers praktisch arbeiten – als Assistenten, angeleitet von Professoren und Mentoren? Weil niemand ein neues Kniegelenk von einer Person in einem weißen Kittel eingesetzt bekommen möchte, der mit den Worten beginnt: »Ich habe vor einer Weile ein Buch darüber gelesen.« Ein Pilot, der dich mit den Worten begrüßt: »Willkommen an Bord. Ich wollte schon immer einmal in so einem Ding fliegen«, wird sicher nicht dein Vertrauen wecken. Oft beurteilen wir Menschen aufgrund ihres Wissens und nicht aufgrund ihrer Erfahrungen, aber wir würden unser Knie niemals jemandem anvertrauen, der keine Erfahrung hat.

Man kann einzelne Personen oder aber ganze Gruppen INvolvieren. Das geschieht dadurch, dass man ihnen das Skalpell in die Hand gibt oder das Flugzeug unter ihr Kommando stellt. Man erlaubt ihnen, das Labor zu betreten.

Das kann auch durch Diskussionen in Kleingruppen erreicht werden, durch das Stellen von relevanten Fragen oder durch Rollenspiele. INvolvieren findet auch statt, wenn jemand seine Geschichte erzählt. Die Leute beteiligen sich und haben das Gefühl, dass sie ganz persönlich in das Thema eingebunden sind. Die Lernerfahrung wäre ohne sie nicht komplett. Du bist nicht länger der Lehrer oder die Lehrerin, sondern der Lern-Coach. Es ist gut, wenn du so übers INvolvieren denkst.

Wenn eine Person sich beteiligt, teilt sie ihre Gedanken mit, setzt sich Fragen aus und erinnert sich an ihre Geschichte. Sie sieht, hört, berührt, schmeckt und riecht. Die verschiedenen Gedanken und Reaktionen, die in dem Moment angeregt werden, kommen in den Köpfen und den Beziehungen dynamisch in Bewegung. Gedanken, Handlungen und bestimmte Ausdrucksformen schaffen oft Vertrautheit und erlauben einem Menschen, seine eigenen Entdeckungen mitzuteilen. Es gibt ihm die Möglichkeit, für einen Moment ein Lebens-Lehrer zu werden.

INvolviertsein verbindet Menschen mit einer Erfahrung. Es bringt das Thema in das Lebenslabor, wo jeder sich beteiligen, etwas bewerten und sich bilden kann. Alle spüren, dass sie gebraucht werden.

Es ist Zeit, freie Bahn fürs Lernen zu machen und deine Zuhörer weg vom Vortrag und hinein ins Lebenslabor zu bringen!

1. Der klärende Moment

Die Grundform:
INvolvieren

Weitere Formen:
INvolviert, INvolvierte, INvolviere, INvolvierst

Andere Worte, die sich auf INvolvieren reimen:
evolvieren, absolvieren, eruieren, reservieren, reagieren

Das Wort INvolvieren in anderen Sprachen:
Spanisch: implicar, Finnisch: vetää mukaan, Ungarisch: belekever(edik)

In Wörterbüchern steht:
in|vol|vie|ren

1. als Teil beinhalten oder als notwendiges Element von etwas einschließen
2. jemanden an etwas beteiligen oder zur Teilnahme an einem Ereignis oder einem Prozess bewegen
3. jemanden mit etwas in Verbindung bringen
4. als Teilnehmer engagieren
5. das INteresse eines Menschen beanspruchen oder fesseln

Die Duzie-Definition:
INvolvieren: Eine Person mit einem Erfahrungsprozess in Verbindung bringen, in dem sie das Gefühl hat, gebraucht zu werden.

Die Verbindung:
Das Thema mit der Erfahrung.

2. Bewegungen und Momente

Drei! Halte deine drei längsten Finger hoch. Halte die anderen zwei Finger unter den längeren Fingern. Weißt du noch, wie du stolz dein Alter mit diesen drei Fingern angezeigt hast? Wenn wir die Frage nach dem Alter hörten, brauchten wir nur den kleinen Finger und den Daumen zusammenhalten und die anderen »Drei« waren automatisch für alle zu sehen, die uns nahe genug kamen. Damals war es offenbar sehr viel leichter, es zu zeigen, als es zu sagen. Und das Leben war genauso.

Benutze diese Dreierbewegung und mache andere auf dich aufmerksam. Du machst einen leicht verwirrten Eindruck. Keine Sorge, es ist okay. Versuchs mal so:

- 1. Schritt – Schaue eine Person an.
- 2. Schritt – Stell sicher, dass sie dich auch ansieht. (Wenn nicht, dann ruf »hey« und mach dann weiter.)
- 3. Schritt – Zeige mit deinen »Drei« auf die andere Person.
- 4. Schritt – Knicke alle drei Finger nach unten in deine Handfläche.
- Noch einmal. Wiederhole das so lange, bis die Person auf dich zukommt. Schau nicht weg!

Diese Bewegung hat ihre Aufmerksamkeit geweckt, nicht wahr? Sie sind in dein kleines Experiment INvolviert, nicht wahr? (Aufgrund von kulturellen Unterschieden in der nördlichen und südlichen Hemisphäre müssen deine Fingerknöchel manchmal nach oben und manchmal nach unten zeigen, damit du niemanden beleidigst, richtig verstanden wirst und die andere Person auf angemessene Weise INvolvierst.)

Kommunikation sollte niemals ein Zuschauersport sein. »Setz dich hin und hör zu« wird niemanden so INvolvieren wie »Steh auf und lerne«! Du kannst den ganzen Tag lang den Schläger schwingen, wie du willst, aber letztlich kommt es nur darauf an, ob du eine Verbindung zum Ball herstellen kannst oder nicht.

Erfahrung ist heutzutage alles. Erinnerungen und Momente werden durch Handlungen geschaffen und nicht durch Worte. Jemanden mit auf eine Reise zu nehmen ist etwas anderes, als sie mit an die Schultafel zu nehmen. Vor einigen Jahren schauten viele zu, wie »Lola rennt«, aber heute ist es zwingend erforderlich, mit Lola mitzurennen! Wenn wir zum nächsten Schild von ConneXellence weitergehen wollen, müssen wir verstehen, dass deine Generation sich nur das zu eigen macht, was sie erfahren kann. Also nähere dich ihren Augen, Ohren, Mündern, Nasen und allem anderen, das eine Verbindung zum Leben darstellt.

3. Ein Moment an einem See

Gestatte uns, dich für einen kurzen Moment mit zurück an den See zu nehmen. Unser Fischer ist heute mit einer Dose Würmern zurückgekommen, schleimige Lebewesen, die gar nicht nach seinem persönlichen Geschmack sind. Aber er lächelt, denn er hat Futter, das dem Fisch entspricht.

Es war ein drittes Mal an einem See ein kleiner Mann.
Er rannte am nächsten Morgen durch den nassen Sand
In das Boot und nach draußen, wo die Fische warten.
Mit einem Lachen sagte er: »Jetzt habe ich einen Köder!«
Er zog einen Wurm heraus und steckte ihn am Haken fest.
Mit aller Kraft warf der kleine Mann die Leine aus.
Über die Flossen der Fische flog sie hinweg,
Dann sank sie ins Blau hinunter.
»Seht mal, der Wurm da!«, blubberten Hunderte Fische.
Sie wollten sich gern zum Festmahl versammeln,
Doch keiner bewegte sich. Keiner biss an.
Sie warteten und fragten voller Angst: »Sollen wir?«
Der kleine Mann hielt an und wusste, was nun kam.
Ein kleiner Fisch schwamm vorbei. Er wollte probieren.
Mit weit offenem Mund und offenen Augen
Biss er mit Appetit hinein, und aufwärts ging's.
»Warte auf mich und folge ihm«, sagten die anderen,
Während sie hoch und aus dem Wasser schnellten.
Im Boot landeten Barsch, Dorsch und viele mehr.
Jeder Fisch INvolviert, jetzt bis ins Herz.
Fortsetzung folgt …

Der entscheidende Fang

Kannst du dir die Freude derjenigen vorstellen, die nicht entkamen – der Fische, die nach dem hungerten, was jenseits ihrer nassen Welt lag? Ob du Fisch nun magst oder nicht, du kannst den entscheidenden Moment dieses Fanges verstehen: die erfolgreiche Verbindung zwischen Fisch und Mensch und Mensch und Fisch.

In jedem Boot, in dem wir auf dem See, Fluss oder Meer des Lebens paddeln, finden wir Gelegenheiten für diese Freude. Die heutige Generation schwimmt ganz in deiner Nähe, aber gleichzeitig weit von dir entfernt. Sie sehnt sich nach dem Happen Erde in jedem Wurm. Sie sehnt sich nach dem Wahren in dieser Welt. Sie wünscht sich Beziehungen, nicht mit den Würmern, sondern mit dem Schöpfer der Erdwürmer, der Erde und allem anderen auf, in oder über ihr.

INvolviertsein ist die Entscheidung, in etwas hineinzubeißen, auf das wir wirklich Appetit haben. Wir, die wir die Angelrute der erlebten Wahrheit in der Hand halten, müssen die Angelschnur weit auswerfen. Wir müssen sie mitten in den hungrigen Fischschwarm hineinwerfen, wo durch INteraktion Vertrauen entstanden ist und INteresse Neugier hervorgerufen hat. An der Stelle kann eine gut platzierte Sehnsucht oder Entscheidungsmöglichkeit die hungrigen Mäuler zum Anbeißen bringen.

Die INteressante Lektion, die wir aus dem Bereich der Ernährung lernen, ist, dass der Appetit beim Essen kommt. Hungrige Menschen und Fische haben Freunde oder Freundinnen, die auch einen Bissen wollen. Ein offener Mund reicht aus, um die ganze Menge in Bewegung zu setzen. Du musst nur dafür sorgen, dass du auf den Appetit vorbereitet bist, der dem ersten kleinen Bissen folgt.

4. Ein Moment mit Jesus: Worte

Lass uns mal kurz das Tempo drosseln und zuhören. Hör einfach zu. Was hörst du? Welche Geräusche dringen an deine Ohren? Wenn du in der Nähe von Jesus wärst, würdest du sehr viel hören. Seine Worte waren klar und unwiderstehlich. Hör ihm zu, wie er jeden einzeln einlädt, sich INvolvieren zu lassen. Hörst du, wie er sagt: »Komm«? Das ist kein Befehl für ein trotziges Kind oder einen faulen Hund. Es ist eher, als würde Jesus eine Eintrittskarte zu einer tollen Veranstaltung mit den Worten: »Hast du Lust mitzukommen?« anbieten. Was kommt dir in den Sinn, wenn du seine vielen Fragen hörst? Denkst du, dass er die Antworten selbst nicht weiß oder bringen seine Fragen dich einfach zum Nachdenken? Er erzählte Geschichten, Geschichten und noch mehr Geschichten, die alle zeigten, wie das Königreich Gottes aussieht. Dann sagte er: »Geh!« Hast du da gedacht, die Show wäre vorbei und es wäre Zeit zu gehen, oder hat es dich geheimnisvoll, fast magnetisch angezogen oder dazu gebracht zu »gehen« und das Gleiche zu tun (Markus 16,15)?

An einem ganz normalen Tag, umgeben vom Echo des Wassers, das gegen das Boot und an den Strand plätscherte, und dem sanften Summen des Windes in den Seilen und Segeln, sprach Jesus klar und deutlich ein Wort: »Komm.« »Komm, folge mir.« Zwei Brüder verließen gleichzeitig den Lärm ihres Lebens und folgten dem Aufruf. Jesus benutzte Worte, um Veränderungen anzuregen. Er rief Leute zu der Entscheidung auf, sich INvolvieren zu lassen oder zurückgelassen zu werden. Im Leben geht es um Entscheidungen und Jesus regte mit seinen Worten zu Entscheidungen an (Matthäus 4,18-20).

Einige Momente später, an demselben Strand mit den Brüdern an seiner Seite, rief er wieder. Dieses Mal saß ein Vater in seinem Boot, bei der Arbeit, mit seinen zwei Söhnen. Jesus rief sie und die beiden jungen Männer verließen das Boot, die Arbeit, den Vater und alle Träume vom Ausbau des Familienunternehmens. Sie ließen sich in ein neues Unternehmen INvolvieren, ins Menschenfischen. Der Vater hörte Jesus auch, aber er beschloss zu bleiben. Fühlte er sich ausgeschlossen, zu alt, verlassen, beraubt oder gesegnet, dass seine beiden gewöhnlichen Söhne ausgewählt wurden, um dem ungewöhnlichen Lehrer zu folgen (Matthäus 4,21-22)?

Jesus wusste, wie wirkungsvoll es ist, in etwas einbezogen zu sein und zu einer Gemeinschaft zu gehören, als er zwölf Männer dazu aufrief, alles hinter sich zu lassen und sich in die größte Bewegung aller Zeiten INvolvieren zu lassen. Der Aufruf, ihm zu folgen, begann bei einigen wenigen und erreichte mit der Zeit eine riesige Menschenmenge. Und sie alle erlernten die »Kunst, INvolviert zu sein« (Matthäus 11,28-30).

Jesus stellte auch Fragen, und er kannte alle Antworten. Er war Gott und er wusste, dass er nur wenig Zeit auf dieser Erde zur Verfügung hatte. Also entschied er sich dafür, die Menschen durch Fragen zu INvolvieren, statt sie nur mit Antworten in Form von Informationen zu füttern. Im Lukasevangelium können wir von 67 Gesprächen lesen.

Während dieser Gespräche stellte Jesus über 100 Fragen. Er stellte sie allen: der Menschenmenge; den Jüngern; einer Frau, die Heilung brauchte; Anhängern; Sündern und Sünderinnen; Steuereintreibern; einem Mann mit Lepra; einer reichen Führungskraft; einem blinden Bettler; Menschen bei seiner Kreuzigung und sogar seinen Jüngern nach seiner Auferstehung. Sie alle hatten die Wahl, sich INvolvieren zu lassen oder zurückgelassen zu werden. Was für ein Gefühl war es wohl, Antworten nachzuhängen, die nicht mehr befriedigend waren, Fragen infrage zu stellen, die versteinert schienen, die richtige Antwort zu geben und herauszufinden, dass man sich nicht mehr verstecken musste? Ob sie es wollten oder nicht, sie waren durch die Fragen, die Jesus stellte, beteiligt und INvolviert.

Die vielleicht beliebtesten und erinnerungswürdigsten Worte von Jesus stammen aus seinen Geschichten. Er erzählte Geschichten von verlorenen Schafen, verlorenen Münzen und verlorenen Söhnen, die alle wiedergefunden werden mussten. Er erzählte Geschichten über gerissene Manager, reiche Männer und junge Jungfrauen, die Entscheidungen treffen mussten. Jesus führte seine Zuhörer mit seinen Worten durch Gärten voller Unkraut und Samen, Ranken und Äste, Bäume und Früchte, damit sie sich das Königreich ausmalen konnten, das lebendig war und sich immer weiter ausbreitete. Seine Geschichten führten alltägliche Menschen in ihr alltägliches Leben hinein und wieder heraus, damit sie einen neuen Weg, eine neue Wahrheit und ein neues Leben erfahren konnten. In Matthäus 13,34 lesen wir die Worte: »Jesus benutzte stets Gleichnisse und Bilder, wenn er zu den Menschen sprach, er sprach nie zu ihnen, ohne solche Vergleiche zu verwenden.«

Schließlich, nachdem er zu seiner Zeit Hunderte, vielleicht sogar Tausende dazu bewegt hatte, sich INvolvieren zu lassen, gab Jesus seine letzte Erklärung ab: »Geht!« Dieses Wort veranlasste Millionen von Menschen, sich in die Geschichte, die Jesus vor 2 000 Jahren begann, INvolvieren zu lassen. »Geht zu allen Völkern und macht sie zu Jüngern« (Matthäus 28,19) und »Geht in die ganze Welt und verkündet allen Menschen die gute Botschaft« (Markus 15,16). Fischer fischten nun Menschen und Steuereintreiber sammelten nun Seelen ein. Prostituierte hatten nur noch die eine Liebe, von der sie sprachen, und die Geschichte begann, sich auf der gesamten Welt zu verbreiten.

Viele gaben ihr Leben auf. Alle gingen mit ihrem Beispiel voran. Wir schreiben heute dieses Buch, weil wir als junge Teenager auf einem kleinen Kirchen-Camp in Brown City im US-Bundesstaat Michigan waren und Jesus uns bat, uns auf ihn einzulassen und zu »gehen«. Wir haben das getan und machen es immer noch und werden es auch weiterhin tun, weil wir eine Beziehung zu Jesus haben und zu Tausenden Menschen in über 60 Nationen, mit denen wir dank seiner Hilfe verknüpft sind. Wir tragen unseren Teil zu dem Auftrag bei, unseren himmlischen Vater bekannt zu machen, und diese Geschichte reicht in unzählige INvolvierte Generationen zurück.

Heutzutage wollen viele einfach nur eine Botschaft vermitteln in der Hoffnung, dass sie irgendeine Art von persönlicher Beteiligung zur Folge hat. Wenn wir das studieren, was Jesus getan hat, dann sehen wir, dass er Menschen persönlich INvolvierte. Daraus gingen starke Beziehungen hervor, die bewirkten, dass die Leute nach der Wahrheit suchten. Das ist ein sehr großer Unterschied. Möge sein Wille geschehen und sein Königreich kommen durch die, die bereit sind zu »kommen«, zu »fragen« und voll und ganz INvolviert zu »gehen«.

5. Ein Moment zu zweit: Ians beste Geschichte

Ian ist ein Freund aus England, den wir vor vielen Jahren in Miami kennengelernt haben. Seitdem hatten wir das Vorrecht, Ian in fast jedem Kontinent der Erde in unserem Team zu haben. Ian hat fast alles schon einmal gemacht. Frag ihn mal nach seinen Erlebnissen als Polizist in England und er hat eine Geschichte für dich. Frag ihn nach dem Aussetzen von Rettungsbooten von einem sinkenden Schiff südlich von Südamerika und er hat eine Geschichte für dich. Frage ihn nach seiner Tätigkeit als Direktor eines internationalen Fernsehprogramms und er hat eine Geschichte für dich. Frage ihn nach seiner Tätigkeit als Leibwächter des Papstes und er hat eine Geschichte für dich. Frage ihn nach Zaubertricks, Bussen, Feuerwerken, Flugzeugunglücken, europäischen Gesetzen für Lastkraftwagen und er hat eine Geschichte für dich. Wir kennen niemanden, der so viel Erfahrung in so vielen Dingen hat wie Ian. Ians zweiter Vorname müsste »INvolviert« sein.

Etwas, das die meisten Menschen nicht über Ian wissen, ist, dass er ein Mentor ist. Das heißt, er lässt Leute an seiner Lebensreise teilnehmen und entlässt sie dann auf ihre eigene Reise.

An einem regnerischen Tag besuchten wir Freunde in den Niederlanden. Als wir ankamen, steckten wir unsere Köpfe in das Zimmer, in dem sich ihr heimisches Grafikbüro befand. Nein, dort saß nicht Ian und arbeitete an Grafiken (obwohl er das könnte), sondern der älteste Sohn unserer Freunde. Jonathan, der damals etwa fünfzehn war, schnitt gerade ein Video. Er benutzte ein sehr modernes Programm und machte das sehr gut. Während wir uns mit Jonno unterhielten, wurde uns klar, dass sein Herz für die Videoproduktion schlug.

Dann schauten wir uns gegenseitig an und mussten beide an Ian denken.

Genau im gleichen Augenblick war Ian eine Stunde von uns entfernt und mit der Regie und Produktion des gesamten Audio- und Videomaterials für einen Kongress beschäftigt, auf dem wir die Woche über sprechen sollten. Wir riefen Ian an und erzählten ihm von Jonno.

Nur wenige Stunden später haben sie sich getroffen. Ian behandelte diesen »Jungen« wie einen Profi und INvolvierte ihn in alles. Normalerweise sind die Fernsehkameras, Schnittplätze und Einheiten für die Liveproduktion Leuten mit mehrjähriger Erfahrung vorbehalten. Aber Ian gab Jonathan kompletten Zugang. Mit dem erforderlichen Beistand fand sich Jonathan mitten in seinem schönsten Traum wieder und war eine große Hilfe im Umgang mit der Livekamera.

Heute hat Jonathan seine eigene Produktionsfirma, aber zwischen damals und heute haben die beiden oft Seite an Seite überall auf der Welt zusammengearbeitet und gelernt. Wir behaupten, die beiden gehören zu den Besten im Geschäft. Beide haben viele Geschichten zu erzählen, aber Ian ist immer noch einen Tick schneller mit einer Geschichte bei der Hand.

Danke, Ian, dass du mit so vielen Menschen wie Jonathan Risiken eingegangen bist. Wir glauben, dass »Leute zu INvolvieren« immer deine beste Geschichte bleiben wird. Danke auch Wim, Margeet und Familie (einschließlich Jonathan). Eure Liebe ist so herzlich.

6. Ein Moment mit mehreren: Josh und Debs – einfach unvergesslich

Wir arbeiten seit mehr als 25 Jahren mit Teenagern und Jugendmitarbeitern. Es gibt viele Teenagergruppen, die man schnell vergessen kann, wo anscheinend überhaupt nichts Besonderes passiert. Dann gibt es die, die wir am liebsten vergessen würden. Das sind die Gruppen mit Leitern, welche die Teens wie kleine Kinder behandeln und nur predigen und keine Beziehung zu den Teens haben. Die besten Erinnerungen an Teenagergruppen stammen von denjenigen, die einfach unvergesslich sind. Momente mit unvergesslichen Gruppen und Leitern sind wie Momente mit der eigenen Familie. Diese Momente sind voller Freundschaft, Vertrauen und Respekt.

Josh und Debs sind zwei der unvergesslichsten Jugendleiter, die wir kennen. Sie sind seit Jahren unsere Freunde und Mitarbeiter. Wir wissen nicht mehr genau, wo unsere Beziehung anfing. Vielleicht war es in Belgien, als wir uns beim Gespräch am Tisch gegenübersaßen, oder auf einem Weg in Holland oder in einer Hütte in der Schweiz oder in Deutschland, wo wir uns ein Zimmer und zwei Zelte teilten. Wo auch immer es anfing, es ist jetzt eine Freundschaft voller Vertrauen und Respekt.

Wir möchten euch davon erzählen, wie sie uns das erste Mal zu sich nach Irland eingeladen haben.

Wir gingen in eine alte Kirche in Dublin und wurden von einer kleinen Gruppe ihrer Teens begrüßt. Diese jungen Leute hatten Josh und Debs als Jugendleiter, seitdem sie das Teenageralter erreicht hatten. Die Mädchen, die vorne sitzen, spielen in der Hockeymannschaft ihrer Schule. Debs ist ihre Trainerin. Der Bursche ganz vorne und die zwei Jungs, die weiter drüben sitzen, sind Basketballspieler. Josh ist ihr Trainer. Der Junge, der den Lobpreis leitet, ist ständig bei ihnen zu Hause. Der Junge links daneben ist ein sehr guter Fußballspieler. Vor Kurzem hat er sich eine schwere Rückenverletzung zugezogen. Josh und Debs beten für ihn und kümmern sich um ihn, als wäre er ihr eigener Sohn.

Josh und Debs sind INvolviert im Leben aller dieser Teens, aber alle diese Teenager sind auch INvolviert in Joshs und Debs' Welt.

Während wir mit der Gruppe sprechen, hat jeder eine »Josh und Debs«-Geschichte zu erzählen. Diese Geschichten handeln von Momenten auf einer Freizeit, in denen sie sich verkleidet und das Ganze dann gefilmt haben, von Matschkämpfen, Schlittenfahren im Haus, Schaukeln in der Sakristei, Seifenblasen im Taufzimmer und unglaublichen Konzerten. Sie können auch alle von Momenten erzählen, als sie in Notzeiten auf Joshs und Debs' Wohnzimmercouch gesessen, etwas in ihrer Küche zu essen gefunden und ihren Beitrag zum Babysitten geleistet haben.

Alle diese Teens wissen, dass ihr Weg mit Jesus nicht nur eine persönliche Sache ist, weil Josh und Debs an allen ihren Höhen und Tiefen beteiligt sind. Diese Teenager haben eine gemeinsame Beziehung zu Jesus, Josh und Debs und sich selbst. So sollte INvolviertsein in unserer Jugendarbeit und in unserer Welt aussehen.

Heute, viele Jahre später, kommen diese Teens (jetzt Erwachsene) immer noch und sitzen auf Joshs und Debs' Couch. Die Couch befindet sich jetzt auf der anderen Seite des Ozeans, aber die Entfernung ist nicht so wichtig, wenn du INvolviert bist und eine Beziehung hast.

Danke, Josh und Debs, dass ihr unvergesslich seid! Wenn wir die Gelegenheit haben, kommen wir auch, um für ein paar Tage auf eurer Couch zu sitzen … versprochen!

7. Ein Moment im Publikum: Bitte aufstehen!

Stell dir vor, du gehörst zu einer Elitegruppe von Leuten aus aller Welt, die von Gott aufgerufen wurden, die Gute Nachricht nach Norden, Süden, Osten und Westen zu bringen. Der Auftrag ist klar: »Geht zu allen Völkern und macht sie zu Jüngern.« Deine Familie hat dich einer Organisation namens *OM (Operation Mobilisation)* anvertraut und jetzt sitzt du, bereit für die Schulung, in einem unfertigen Hörsaal in Deutschland – und wartest.

Ein großer, dünner Mann mit einem sehr starken amerikanischen Südstaatenakzent tritt ans Mikrofon und sagt: »Hi there, I'm Chip.« (Hallo alle zusammen. Ich bin Chip.) Wenn du Brite bist, musst du lachen, weil ein »Chip« eine frittierte Kartoffelspalte ist, die man mit

Fisch isst. Wenn du aus Korea bist, bist du ein wenig perplex, weil ein »Chip« eine großartige Erfindung ist, die in der Tiefe deines Computers, deiner Kamera und deines Mobiltelefons steckt, aber normalerweise sehr klein ist. Ein Chip kann aus einer Tüte gegessen oder im Kasino verwendet werden. In einer Gruppe mit verschiedenen Muttersprachen und Kulturen hätte Chip sehr viel mehr Zeit darauf verwenden können, zu erklären, wer er war. Doch Chips Aufgabe drehte sich nicht um ihn selbst. Stattdessen hatte er das Privileg, allen beteiligten Personen zu helfen, sich selbst und die Leute um sie herum in ihrem alltäglichen Leben besser zu verstehen.

Er begann mit einem Test, auf den alle sich bereits ihr ganzes Leben lang vorbereitet hatten. Dabei ging es nur um sie. Dann, statt ihnen Zensuren zu geben, INvolvierte er alle während der folgenden Stunde in einen Lernprozess.

Bist du jemand, der gern etwas erreicht? Wenn ja, steh bitte auf. Wie Popcorn in einem heißen Topf sprangen viele auf. Sie strahlten stolz, als sie erkannten, wie wertvoll sie waren.

Dann wurden diejenigen aufgerufen, die gerne andere motivierten. Plötzlich stieg die Lautstärke im Raum an. Diese Leute jubelten sogar sich selbst zu. Sie feierten jede Erkenntnis, die sie hatten, und als sie sich wieder setzten, begriffen sie ihren eigenen Wert.

Jeder Charaktertyp wurde beschrieben und wertgeschätzt. Alle waren in irgendeiner Weise eingebunden und standen an diesem Abend in Deutschland mindestens zehn oder fünfzehn Mal auf. Jeder war bis zum letzten Moment vollständig INvolviert. Die Leute halfen Chip sogar, seinen Vortrag zu halten, und nahmen ihm das Wort aus dem Mund: »Du wirst gesegnet sein!«

Chip hatte seine Notizen dabei, was ihm half, sich zu konzentrieren, aber er ging auf das Publikum ein. Die Leute bewegten sich, waren aktiv und erlebten die Botschaft – sie *waren* die Botschaft.

Chip, wir haben viele Male mit angesehen, wie du Leuten ihren Charakter und ihre Leidenschaften deutlich machst. Es ist jedes Mal ein Privileg, in deine Reise des Lernens INvolviert zu sein.

Danke, Chip! Du bist einzigartig und sehr wertvoll. Wir lieben es, mit dir INvolviert zu sein – wir sind gesegnet! Sag Stellise, wir lassen grüßen! Wir beten immer noch für euer zweifaches Wunder.

8. Ein Moment bei uns zu Hause

Willkommen in unserem Haus der offenen Tür. Unser Haus ist wie ein kleines Bild oder Gleichnis von Orten, an denen wir INvolvierte Leute sehen können. Wir haben nicht nur gern hervorragende Beziehungen zu den Menschen, mit denen wir INteragieren und bei denen wir INteresse zu wecken versuchen, wenn sie durch unsere Tür kommen. Wir sind auch begeistert, wenn Leute in unserem Haus sich INvolvieren lassen.

In unserem Haus gibt es verschiedene Stufen des INvolviertseins. Der kleine Tisch in unserer Küche ist der Ort, an dem Cappuccino und gute Gespräche gut zusammenpassen. In der Türangel zu stehen und sich über ein paar Dinge zu unterhalten ist eine Sache; aber wenn man ein heißes Getränk in der Hand hält und es langsam schlürft, ist es leichter, sich INvolvieren zu lassen. Suzie hat entdeckt, dass das besonders hilfreich ist, um regelmäßige Beziehungen zu Jugendlichen lebendig zu halten.

Vom Frühjahr bis zum Spätherbst treffen wir uns normalerweise auf unserer Veranda vor dem Haus und führen längere Gespräche, um uns gegenseitig auf dem Laufenden zu halten und tiefere persönliche Themen durchzuarbeiten. Wir schlürfen auch hier heiße oder kalte Getränke. Aber jetzt lassen wir unsere Füße baumeln, schauen uns die blühenden Blumen an und INvolvieren unsere offenen Ohren und Herzen. Dieser behagliche Ort lässt mehr Ehrlichkeit und Freiheit zu.

Auf unserer anderen Veranda auf der Rückseite des Hauses steht ein runder Tisch mit einem großen Sonnenschirm. Wenn wir den Grill anwerfen und viele Schüsseln und Platten voller leckerer Sachen dazustellen, sind die Leute total INvolviert. Die jungen und alten Menschen, die für uns quasi zur Familie gehören, kommen durch die Hintertür und sind INvolviert in die Gemeinschaft. Der Tisch ist für vier Personen ausgelegt, aber wir haben schon mit 12 Leuten daran gesessen und zwei weitere waren per Internettelefon und Webcam dabei. Alle kamen, saßen, aßen, lachten, erzählten Geschichten und waren INvolviert mit Leuten an einem Ort, an dem was los war.

Hinten im Garten haben wir zwei runde Trampoline (eins haben wir gekauft und das andere war ein Geschenk). Bei schönem Wetter ist das ein super Platz, um INvolviert zu sein. Leute, die INvolviert sind, lieben es, auf den beiden Trampolins herumzuhüpfen, Tricks vorzuführen und Spiele zu spielen. Brett kann erstaunliche Rückwärtssaltos, Josiah hat die größte Ausdauer, Joshua kann dich immer zum Ausscheiden bringen und sich während des Spieles neue Regeln ausdenken. Das derzeitige Lieblingsspiel ist Zwei-gegen-zwei-Trampolinvolleyball.

Wenn das Wetter nicht so gut ist und während der kalten Wintermonate laufen die Teens nach der Schule zuerst die Ecke im Keller mit den Videospielen an. Das ist ein Musterbeispiel für INvolviertsein – nicht nur die zwei oder vier mit den Steuergeräten in der Hand, sondern auch die, die das laufende Spiel anfeuern. Oft sind bis zu zwölf Teenager auf verschiedene Art und Weise INvolviert.

In der Band-Ecke versuchen viele Teens, ein Instrument zu lernen. Je mehr sie üben, desto größer ist ihre Chance, sonntags in unserem kleinen Lobpreisteam INvolviert zu sein.

Manchmal sind die jungen Leute INvolviert, indem sie sich gegenseitig bei den Hausaufgaben helfen, ein Video drehen, an einer Bibelgesprächsgruppe teilnehmen oder Karten spielen. Wir lieben es, ihnen dabei zuzusehen, wie sie ihr Leben gemeinsam leben, innerhalb oder außerhalb der vier Wände unseres offenen Hauses.

Danke, Kayla, Lindsey, Chelsea, Will, Brett, Kyle, Neal, Jake, Stephan, Jared, Troy, Tyler, Davis, Dylan, Jose, Keith, Trishia, Katie, Alyshia und viele andere, die regelmäßig bei uns sind. Hey Leute, hört nicht auf, eure Beziehung mit Jesus immer weiter zu vertiefen!

9. Ein kreativer Moment

Vor vielen Jahren hatten wir ein Lieblingslied, das wir gerne gemeinsam sangen. Es hieß *Unforgettable* (»Unvergesslich«). Nat King Cole und seine Tochter Natalie hatten diese klassische Soul-Nummer neu aufgenommen und es war ein ganz besonderes Duett geworden. Eine Zeile, die wir einander zusangen, lautete *unforgettable, that's what you are* (»unvergesslich, das bist du«).Wir schauten einander in die Augen, während wir sangen *unforgettable, though near or far*

(»unvergesslich, ob nah, ob fern«). Aber die Worte, die sich in diesem Moment besonders abheben, sind *it's incredible that someone so unforgettable thinks that I am unforgettable too* (»es ist unglaublich, dass jemand, der so unvergesslich ist, mich auch für unvergesslich hält«).

Darum geht es bei ConneXellence. Die jungen Menschen dieser Generation suchen nach jemandem, der ihnen das Gefühl gibt, etwas Besonderes zu sein. Haben sie einen Wert? Werden sie vergessen oder wirst du ihnen das Gefühl vermitteln, unvergesslich zu sein? Bist du der Erwachsene, dem sie wichtig genug sind, um INvolviert zu sein? Das kommt in ihrer Welt nur sehr selten vor. Du bist die Person, die etwas INteressantes hat oder besitzt. Eine Beziehung ist entstanden. Du bist wichtig geworden, vielleicht sogar unvergesslich. In ihrer Welt, in der es so oft heißt: »Wen kümmert das schon?«, bist du derjenige, den ihre Anliegen kümmern!

Du kennst ihren Namen. Ihr habt zusammen gelacht, eine persönliche Geschichte und Erfahrungen geteilt. Sie sind in diesem Moment mit dir INvolviert. Halte einmal kurz inne und denke daran, welchen Einfluss du hast, nur weil du so weit gekommen bist.

Allzu oft wissen wir nicht genug zu schätzen, welchen Einfluss und was für eine Botschaft wir haben. Unsere »Würmer-Theologie« redet uns ein, wir sind nichts anderes als Staub. Viele denken heutzutage, dass es am besten ist, Abstand zu halten und ein »Niemand« zu sein. Viele Referenten denken, dass die Botschaft von Gott wichtig ist, aber auch von einem Esel hätte überbracht werden können. Tatsache ist, dass Gott dich ausgewählt hat. Du bist ein Mensch, seine große Schöpfung, über alles geliebt, sogar mehr geliebt als das Leben seines Sohnes. Er vertraut darauf, dass du seine Botschaft übermittelst, wahrscheinlich durch einen unvergesslichen verbindenden Moment. Jesus zeigte immer auf seinen Vater – so wie wir das auch tun sollten –, aber er ist selbst bis heute unvergesslich, genau wie seine Anhänger. Es ist in Ordnung, wenn unsere Namen und Gesichter irgendwann in der Erinnerung verblassen. Wenn Gott aber will, dass wir unvergesslich sind, damit andere sich unvergesslich fühlen können und unvergessliche Momente erfahren, wie können wir dann *nicht* unvergessliche Leben führen?

Wir brauchen mehr Leute, die bereit sind, ihr Menschsein als Segen und nicht als Fluch ansehen, die ihr Leben als kreative Künstler leben und Unvergessliches zu Gottes Ehre formen.

10. *Leben für den Moment-Café:* Die 5 Sinne benutzen

Jeden Tag, wenn du in das *Leben für den Moment*-Café an der Ecke kommst, begrüßt es dich wie einen alten Freund. Erst riechst du das Aroma von weit entfernten Orten und spürst eine deutliche und gegenwärtige Sehnsucht. Du schaust dich um und siehst die Schilder, dann die Kaffeetassen, eine Theke und eine gelbliche Wand mit leuchtendem Aufdruck in Orange. Du siehst verschiedene Tische und Stühle, die sich auch in Größe und Farbe unterscheiden. Du siehst die Unterschriften von ehemaligen Kunden an der anderen Wand und Bilder von einem lokalen Jazzfestival in der Nähe. Du hörst Musik, aber sie steht nicht allein da; sie versteckt sich hinter sanften Rhythmen und fließenden Noten. Du hörst keine Worte, aber viele Stimmen. Dann drehst du dich um und wirst von der Hand eines guten Freundes berührt, der eine heiße Tasse in der einen Hand hat und deine Hand in der anderen. Worte werden gesprochen und Tagesereignisse mitgeteilt. Dann stehst du endlich an der Theke. Du bist dran und du zeigst auf die aromatisierte Kakaomischung. Du berührst Geld, du berührst eine Tasse, du berührst einen Stuhl, du berührst einen Tisch, du berührst einen Computer, du berührst einen, der Welten entfernt ist. Du redest und du schmeckst. Du bist eingehüllt in diesen wunderbaren Moment; du verschmilzt mit dem Bild, mit der Mischung.

Der Zugang zu Millionen von Menschen per Internet macht es leicht, INvolviert zu sein. Die »Welt der Zukunft« hat die Regeln der Kommunikation verändert. Die Produktion und Verbreitung von Videos lag einst in den Händen von gut ausgebildeten Profis mit viel Geld und Erfahrung. Heutzutage bieten Computer in Internetcafés und anderswo Zugriff auf druckbare Materialien, virtuelle Informationen, Audioressourcen und erlebbare Unterhaltung. Schneller, als ich meine heiße Schokolade trinken kann, kann ich Auge in Auge mit neuen Bekannten in der Nachbarschaft und der ganzen Welt kommunizieren.

In der »Welt der Vergangenheit« sind nur wenige je zum *Amazon(as)* gereist. *Yahoo* war nur ein Ausruf und *MySpace* war dein Zimmer. *Twitter* war das Zwitschern von Vögeln und *YouTube* war ein abwertender Begriff für den Fernseher eines anderen und *Flicker* beschrieb das Verhalten alter Filme. In der »heutigen Mischung« haben diese expandierenden Internetplattformen die alten Regeln und Machtinhaber ersetzt. Jeder will und kann INvolviert sein.

Ein Computer nimmt drei Sinne in Anspruch: Sehen, Hören und Fühlen. Doch bis heute können nur »live INvolvierte Momente« alle fünf Sinne ansprechen.

Sehen

Warum kann ein Teenager sich an einen 30-Sekunden-Werbesport erinnern, aber nicht an eine 30-minütige Predigt? Eine Studie über Werbung im Jahre 2003 (IPC Media – GB) ergab:

- Wir lernen zu 75 % durch Sehen.
- Wir lernen zu 13 % durch Hören.
- Wir lernen zu 12 % durch Riechen, Fühlen, Schmecken.

Die Studie ergab auch, dass 83 % der heutigen Werbespots nur auf das Sehen abzielen. Wenn das Sehen sowohl für das Lernen als auch für die Werbung so wichtig ist, sollten wir es dann nicht auch in unsere hervorragenden Beziehungen einbeziehen?

Leute erinnern sich auch besser an unbewegte als an bewegte Bilder. Zum Beispiel erinnert sich bei dem Film »Matrix« niemand daran, dass Trinity in das Gebäude ging. Aber alle erinnern sich daran, wie sie in die Luft sprang und ihr Bild »eingefroren« wurde, während die Kamera langsam um sie herumklickte. Wir haben das sehr frühzeitig beim Theaterspielen gelernt. Wenn wir uns ständig bewegten, »verschwamm« unsere Botschaft dabei. Die Momente, die am deutlichsten in Erinnerung blieben, waren unsere »Standbilder«.

Wenn du die Augen INvolvierst, gib ihnen – wie im Café – genug Zeit, um anzuhalten, herumzuschauen und sich zu erinnern.

Hören

»Warum kann mein Sohn sich nicht an das erinnern, was ich ihm gesagt habe?«

Lass uns deinen Worten einen Moment lang nachgehen. Sie werden zu Schallwellen, kommen aus deinem Mund und werden von der Ohrmuschel deines Gegenübers gesammelt. Dann gehen sie durch das Trommelfell und das Mittelohr dank der drei kleinen Knochen Hammer, Amboss und Steigbügel. Nach einigen Schwingungen um die Knochen herum reist deine Nachricht ins Innenohr (mehrere Kanäle, die mit winzigen Härchen bedeckt und von Flüssigkeit umgeben sind). Deine Stimme ist in seinem Schädel gelandet. Deine lauten Worte haben viele Nerven innerhalb der Innenohrschnecke angeregt und deine leiseren Töne haben nur ein paar Nerven angeregt. Zur gleichen Zeit waren Millionen anderer Töne unterwegs. Höchstwahrscheinlich waren es diejenigen Schallwellen mit einer emotionalen Bedeutung für deinen Sohn, die bewirkt haben, dass sich durch körpereigene Chemikalien eine Erinnerung ins Gehirn deines Sohnes »eingegraben« hat. Er hat sich an die Dinge erinnert, die seine Augen und Gedanken besonders eindrücklich passiert haben.

Vergiss nicht, dass nur 13 % von dem, was wir lernen, durch das Gehör gelernt wird. Aber wenn wir das, was wir sagen (unsere Worte, Geschichten und Kommunikation mit dem Publikum) mit emotionalen visuellen Eindrücken kombinieren, sollte das Erinnerungsvermögen dramatisch ansteigen.

Schmecken

Schmecken ist vielleicht der Sinn, den wir am meisten vernachlässigen, wenn wir versuchen, Verbindungen zu knüpfen. Es erfordert Zeit und Geld, erinnerungswürdige Geschmackserlebnisse zu bereiten.

Denk einmal einen Moment lang über die Speisen oder Getränke nach, die du als »exquisit«, »fabelhaft«, »köstlich« oder »lecker« bezeichnen würdest. Der Geschmack dieser Dinge weckt Erinnerungen. Kannst du dich an Omas Kekse oder eine Kochparty mit Freunden erinnern, das Weihnachtsessen oder die heiße Schokolade mit Rum während eines Gesprächs mit einem Freund? Welche Worte, Gedanken und Gefühle kommen dir in den Sinn? Was ist mit dem trockenen Brot, der bitteren Nuss, in die du gebissen hast, dem Faden oder Ungenießbaren, zu dem du als Kind – oder als ehrlicher Erwachsener – »pfui« sagst. Geschmack INvolviert Gefühle und schafft Erinnerungen.

Es gibt vier grundsätzliche Geschmacksrichtungen: süß, sauer, salzig und bitter. Jede davon erzeugt eine Reaktion, wenn zu viel oder zu wenig davon vorhanden ist. Essen und Trinken sind mehr als nur Snacks am Ende eines Meetings. Wir können und sollten den Geschmackssinn in den meisten unserer besonderen Momente nutzen, um Gespräche anzuregen, Gemeinschaft zu erfahren und Appetit zu stillen.

Wir haben festgestellt, dass die meisten Leute beim Schlürfen, Löffeln, Schlucken und miteinander Reden gern bereit sind, ihr Leben und ihre Geschichten zu feiern. Vergiss nicht, innezuhalten und das Leben zu schmecken.

Riechen

Riechen und Schmecken hängen voneinander ab. Wenn beim Essen der Geruchssinn nicht vorhanden ist, ist auch nicht viel Geschmack vorhanden. Laut Dr. Alan Hirsch von der *Smell and Taste Treatment and Research Foundation*[4] in Chicago sind 90 % von dem, was wir als Geschmack wahrnehmen, tatsächlich Geruch. In dem Buch *The Chemical Senses*[5] von R. W. Moncrieff heißt es, dass der Geruchssinn 10 000 Mal so empfindlich ist wie der Geschmackssinn.

Die Forschung zeigt, dass bis zu 75 % unserer emotionalen Verbindungen auf Geruch basieren. Geh in einen Raum, der nach Backwaren riecht, und du kannst in Gedanken in die Küche deiner Oma zurückreisen. Wenn du neben einem (oder einer) Fremden stehst, der oder die ein bestimmtes Eau de Toilette oder Parfüm trägt, bringt dich das zu einem Moment vor vielen Jahren mit einem besonderen jungen Mann oder einem besonderen Mädchen zurück.

4 US-Stiftung für Geruchs- und Geschmacksforschung (Anm. d. Übers.).

5 »Die chemischen Sinne« (Anm. d. Übers.). R. W. Moncrieff, *The chemical senses*. London: L. Hill, 1967, 3. Aufl.

Es gibt auch negative Gerüche, die dich an unangenehme Zeiten erinnern. Eine Freundin von uns kann bis heute kein Popcorn essen, weil sie an dem Tag Popcorn gegessen hatte, als sie eine Fehlgeburt erlitt.

Wie riechst du? Welche Gerüche umgeben dich? Gute oder schlechte?

Im Jahr 2007 haben Hersteller von Geschmacks- und Geruchsstoffen mehr als 19,91 Milliarden US-Dollar eingenommen. Denk mal darüber nach. Wie riecht deine Kirche, dein Klassenzimmer, deine Kerze oder dein Café an der Ecke? Sehr wenige Leute nehmen sich die Zeit, die Gerüche in ihrer Umgebung vorzubereiten.

Sechs Jahre lang haben wir in unserer Nachbarschaft regelmäßige Teen-Treffs unter dem Titel *Wild Fire*[6] organisiert. Sie fanden in der öffentlichen Schule vor Ort statt. Wir wollten nicht, dass die Teens kamen und das Gefühl hatten, in der Schule zu sein. Deshalb kauften wir eine große Popcorn-Maschine und füllten den Raum mit Duft. Jede Tüte mit gebuttertem Popcorn verströmte ihr Aroma in die Atmosphäre, und das kostenlos. Der Duft war überall und die Verbindungen, die um den Geruch herum geknüpft wurden, waren zahlreich.

Ist es möglich, den Geruchssinn in unsere emotionalen Verbindungen zu INvolvieren und ihnen so zu erlauben, länger zu bleiben? Wir glauben: Ja!

Berühren

Berührung ist nach Dr. Gary Chapman auch eine der »fünf Sprachen der Liebe«. Berührung steht auf der Liste der Liebessprachen der Jugend ganz weit oben. Wir alle brauchen körperliche Berührungen, aber einige von uns brauchen mehr davon, um ihren emotionalen Tank zu füllen. Mädchen fällt es normalerweise leichter, dicht bei jemandem zu sitzen, Umarmungen auszuteilen und durch Berührungen Verbindungen zu knüpfen. Es hat den Anschein, dass Männer sich mit Berührungen etwas schwerer tun, es sei denn, es handelt sich um das besondere Mädchen ihres Herzens. Du hast vielleicht schon bemerkt,

6 »Lauffeuer« (Anm. d. Übers.).

dass Männer sich berühren, wenn sie Sport treiben, miteinander ringen, sich begrüßen oder sich gegenseitig gratulieren.

Berührungen können verschiedene Formen annehmen: Klapsen, Stupsen, Rückenklopfen, Händeschütteln, Umarmungen und Fingerhakeln, um nur einige zu nennen. Ab und zu müssen wir die Hand ausstrecken und andere Menschen berühren, knuffen, kitzeln. Wo angemessen, versuche Berührungen in deine ConneXellence-Momente zu integrieren.

Leben mit den fünf Sinnen

Während die letzten Tropfen von meiner heißen Schokolade verschwinden, frage ich mich, wie oft wir alle fünf Sinne benutzen. Während ich darüber nachdenke, fällt mir ein, dass ich meine fünf Sinne gestern Abend bei der Party benutzt habe, letzten Samstag bei dem Fußballspiel, neulich im Theater und gerade eben an meinem Computer.

Ich fühle mich gut, als ich meinen Becher in die Recyclingtonne werfe. Während ich mich umdrehe und die Hand nach der Tür ausstrecke, sehe ich, was unten auf einem der Bilder steht: »Sag es mir und ich vergesse, zeige es mir und ich erinnere mich, INvolviere mich und ich verstehe.«

Ich lächele Jenny hinter der Theke zu und gehe raus. Wir beide wissen, dass ich wiederkommen werde.

11. Ein Moment Pause: Was sagt diese Generation?

Bitte höre der Generation zu, die INvolviert sein möchte. Die jungen Leute wünschen sich Erfahrungen, damit sie glauben können. Sie wollen, dass du ehrlich bist und ihnen sagst, dass sie wichtig sind, oder besser: dass du es ihnen zeigst.

Sie wollen dich daran erinnern, dass sie nicht so lange still sitzen können, wie du reden kannst. Du gewinnst … nun gib ihnen eine Gelegenheit zum Luftholen. Sie brauchen Zeit, andere Menschen, die Möglichkeit zum Fragenstellen und noch vieles mehr, bevor sie zu einem Schluss gelangen.

Wir wollen sie für sich selbst sprechen lassen.

Erfahrungen
Erfahrungen zeigen mir, was wahr ist und was nicht. Wenn ich selbst solch eine Erfahrung gemacht habe oder vielleicht jemand, den ich gut kenne, dann kann ich sie mit Dingen in Verbindung bringen, die ich glaube. Wenn ich etwas selbst tue, kann ich es besser in Erinnerung behalten. Wenn ich nur dasitze und zuhöre, mache ich es mir selten zu eigen. In der Schule, in der Kirche und in den Medien gibt es so viele Leute, die nur »Quasselköpfe« sind. Das heißt, sie reden viel und ansonsten passiert ziemlich wenig. INvolviere mich in Dinge, die du für wichtig hältst, damit ich Erfahrungen machen kann und mir das merke, was wahr ist.

Notwendigkeit
Muss ich wirklich hier sein? Das meiste, das ich heute höre, würde auch passieren, wenn ich nicht im Raum wäre. Ich frage mich, ob das, was du tun oder worüber du sprechen wirst, anders ausfallen würde, wenn ich zu Hause geblieben wäre? Wenn ich nicht gebraucht werde – dann bleibe ich einfach »unINvolviert«. Könntest du deine Rede vor dem Spiegel üben, wenn niemand da ist, um eine Frage zu beantworten, eine Frage zu stellen oder irgendwie zu reagieren? Zeigst du mir, dass du über mich, meine Welt und meine Bedürfnisse nachdenkst? Bitte INvolviere mich irgendwie, aber nicht so, dass ich mich dumm fühle oder dumm dastehe.

Energie
In mir steckt sehr viel körperliche Energie. Ist es zu viel verlangt, mich aufstehen zu lassen und mich irgendwie zu INvolvieren? Dann kann ich vielleicht etwas länger sitzen bleiben. Ich bin nicht dazu geboren herumzusitzen. Vergiss nicht die »Sitzfleisch-Theorie«, die besagt, dass man nur so viel aufnehmen kann, wie das Sitzfleisch ertragen kann. INvolviere mich, damit ich total lebendig sein kann!

Verarbeitung
Ich weiß nicht, wie du denkst, aber ich denke laut. Es dauert eine Weile, bis ich alles begreife, was du sagst, und wie es in Echtzeit aussehen würde. Es gibt noch ungestellte Fragen und ich brauche Input

von anderen, wenn du willst, dass ich deine Gedanken verarbeite. Gib mir Zeit, mit meinen Freunden zu reden und mir ein paar Fragen anzuhören. Lass mich ein paar Telefongespräche führen; ich werde mich in ein paar Tagen bei dir melden. Du hast vielleicht gelernt, schnelle Entscheidungen zu treffen, aber ich muss erst alle Möglichkeiten untersuchen und die Informationen verarbeiten. Gib mir Zeit zum Verarbeiten!

12. Nur einen Moment Zeit? – Abkürzung INvolvieren

Zwei Leute mit verschwitzter Kleidung schlagen stundenlang einen kleinen Ball über ein Netz hin und her. Gleichzeitig sitzen Leute – auch Zuschauer genannt – auf den Rängen, trinken eiskalten Tee und sehen den verschwitzen Athleten zu. Was stimmt nicht an diesem Bild? Die Zuschauer brauchen dringend mehr körperliche Betätigung und die Spieler eine Pause. Es ist an der Zeit, dass alle auf den Platz gehen und INvolviert werden.

INvolviertsein ist mehr als nur Sport, es ist ein Experiment. Deine Botschaft ist vielleicht das Richtige für dich, aber ist sie auch das Richtig für die anderen? Warum denken wir als Referenten, es sei unsere Aufgabe zu lesen, zu erklären, zu illustrieren und Fragen zu stellen und zu beantworten? Haben wir eine Welt für Teetrinker geschaffen? Sind wir die Einzigen, die ins Schwitzen kommen sollten?

Jesus hat alle INvolviert. Die Jünger, die Kranken, die Religiösen, die Suchenden, sogar eine Sünderin an der Quelle hatte die Gelegenheit, sich an der Nachricht von Jesus zu beteiligen. Wie war diese Frau INvolviert? Wie war diese zu oft verheiratete Frau mit dem leeren Eimer in die Nachricht von Jesus INvolviert? Stell den Eistee weg und beantworte die Frage. Sei INvolviert.

Du lernst immer mehr, wenn du INvolviert bist. Was hätte die durstige Frau erhalten, wenn sie Jesus gesagt hätte, er sollte sich sein Wasser selbst holen?

INvolvieren heißt das Thema mit einer Erfahrung zu verknüpfen.

INvolvieren – Wer? Wer soll deine Botschaft empfangen? Mit wem hast du zuvor dein Leben und dein Thema verknüpft? Wer ist INteressiert daran, mit dir gemeinsam dem Pfad des Lernens zu folgen? Genau der!

INvolvieren – Wo? Wo baust du dein Lernlabor? Vielleicht liegt es an einem Weg, den du mit »Einem« gehst. Es könnte an einem Tisch sein, wo du mit »mehreren« diskutierst. Es könnte sogar in einem »Publikum« sein, umgeben von Kameras und Action – ganz viel Action. Denke darüber nach, wo die anderen sind, wo sie herkommen, denk an ihre Geschichten und Sehnsüchte und dann bring sie in Verbindung mit einem Experiment, das für den Geist, den Körper *und* die Seele aufregend ist.

INvolvieren – Was? Was ist INvolvieren? Es ist die Gelegenheit, zu probieren, zu testen, zu widersprechen, zu hinterfragen, zu diskutieren, zu lehren, zu fühlen, zu versagen und erfolgreich zu sein, während sie sich mit deinem Thema befassen. Es ist der Moment, in dem sie fragen: »Ist es wahr?«, »Ist es wichtig?«, »Wird es mein Leben für immer verändern?« INvolvieren erlaubt ihnen, dein »Was« zu erleben.

INvolvieren – Warum?: Warum ist das wichtig? Warum muss ich meine Zuhörer INvolvieren, wenn ich mein Thema präsentiere? Weil du nicht wie dein Geschichtslehrer sein willst oder wie der Typ, der letzten Sonntag die Ansagen in der Kirche gemacht hat, oder? Du will kein unangenehmer Lärm an einem ansonsten wunderschönen Tag sein. Wenn die anderen INvolviert sind, können sie sich das Gelernte im wahrsten Sinne des Wortes aneignen und du kannst der Coach auf ihrer Lebensreise sein. Außerdem wird dein Thema dadurch greifbar für ihr Leben. Wir müssen ihnen zugestehen, dass ihre Welt voller Experimente ist. Das INvolviertsein in dein Thema ist für sie einen Ausflug und eine Erinnerung wert. Nimm dir Zeit zum INvolvieren.

INvolvieren – Wie? Es beginnt mit einer INteraktiven Verbindung zu dir und einer INteressierten Verbindung zu deinem Thema. Von diesem Punkt an verpackst du die Wahrheit der Botschaft in etwas, das sie mit ihren Augen sehen, mit ihren Ohren hören, mit ihren Händen berühren, mit ihrem Mund schmecken und mit ihrer Nase riechen können. Sie bringen ihre vergangenen und gegenwärtigen Erfahrungen mit in die Mischung ein und verarbeiten sie durch Dialog, Fragen und Geschichten. Du stellst ihnen ein Spielzimmer, eine Küche, eine Bibliothek, einen Garten und einen Keller zur Verfügung, wo sie die Wahrheit erkunden und persönlich entdecken können.

INvolvieren – Wann? Es geschieht, wenn du andere einlädst, sich INvolvieren zu lassen. Meistens sind die Leute bereit, Dinge zu erkunden. Wenn sie sich in deiner Gegenwart sicher fühlen und die Atmosphäre ermutigend ist, werden sie deine Einladung annehmen. Wenn du verhindern kannst, dass sie dumm dastehen, und wenn die Reise Spaß macht, dann ist das der Moment »wann« sie INvolviert sind.

Im Moment 13 – Das *Duzie-Museum der Kunstmomente* – haben wir 25 kreative Arten zu INvolvieren bereitgestellt. Jetzt ist es Zeit, dass du deine Zuhörer INvolvierst. Also nimm dir Zeit, die bereitgestellten Ideen anzuschauen, anzuhören, zu berühren, zu schmecken und zu riechen. Treffen irgendwelche der Erfahrungen auf deine Situation und dein Thema zu?

Nimm dir von der Liste, was du brauchst, um eine Verbindung zu einer Person oder den Leuten herzustellen, welche die Wahrheit erleben müssen.

13. Das Duzie-Museum der Kunstmomente präsentiert: 25 kreative Wege zu INvolvieren

Unten sind einige gute Möglichkeiten aufgelistet, wie du deine Zuhörer INvolvieren kannst. Wir haben versucht, nur die Ideen aufzulisten, die wir mit Erfolg ausprobiert haben. Wir haben kreative Möglichkeiten für Introvertierte und Extrovertierte aufgeführt. Wir hoffen, du setzt einige davon ein und hast Freude daran.

1. *Kleingruppe* – Wenn man eine große Gruppe in kleinere Gruppen aufteilt, gibt das mehreren Leuten die Gelegenheit, INvolviert zu sein. Man kann fast überall mit Kleingruppen arbeiten: bei Diskussionen, teambildenden Aktivitäten, beim Kochen, Beten und Beraten – oder auch bei Ausflügen.
2. *Stelle offene Fragen* – Eine offene Frage bietet den Ausgangspunkt für umfassende, tiefgründige Antworten und erlaubt,

das eigene Wissen und/oder die eigenen Gefühle einzubringen. Offene Fragen beginnen meist mit »warum« und »wie« oder »erzähl mir von ...«. Oft sind es keine direkten Fragen, sondern eher Aussagen, die indirekt eine Antwort verlangen. Die berühmteste aller offenen Fragen ist: »Wie fühlst du dich dabei?«

3. *Interview* – Das ist eine gut Art zu INvolvieren, wenn deine Beziehung zu »Einem« auch auf andere ausgeweitet werden kann. Bei einem Interview muss der Interviewte sich nicht auf eine Rede vorbereiten, sondern kann auf die gestellten Fragen antworten. Wenn gewünscht, können ihm die Interview-Fragen im Voraus zur Verfügung gestellt werden. Achte darauf, dass die Person, die du interviewst, sich so wohl wie möglich dabei fühlt.
4. *Improvisationstheater* – Das ist eine kreative visuelle Möglichkeit, dein Publikum zu INvolvieren und die Botschaft auf etwas ungewöhnliche Weise zu vermitteln. Wir benutzen normalerweise eine bekannte Geschichte (zum Beispiel eine allgemein geläufige Kindergeschichte) oder wir denken uns eine Geschichte aus. Zuerst suchst du dir »Freiwillige« aus und teilst ihnen dann die entsprechenden Charaktere zu. Der Erzähler beginnt, die Geschichte zu lesen, und die Charaktere führen die entsprechenden Handlungen aus. Der Erzähler legt Pausen ein, damit die Charaktere ihre Aktionen ausführen können oder damit ein spezieller Effekt entsteht. Wenn du dich für fertig ausgearbeitete Stücke interessierst, die auf biblischen Geschichten basieren, schau dir einmal das Buch *Spontaneous Melodramas* von Doug Fields, Laurie Polich und Duffy Robbins an (auf Englisch erhältlich im Internet).
5. *Singen* – Mit jeder Art von Gesang kannst du einen oder mehrere INvolvieren. Uns ist der Lobpreis als eine Möglichkeit des INvolvierten Singens am vertrautesten. Aber es gibt auch INteraktive Lieder, mit denen man eine Gruppe effektiv INvolvieren und bei denen man viel Spaß haben kann. Zur Abwechslung kannst du verschiedene Schlaginstrumente einsetzen, entweder selbst gemachte wie Steine oder Sand in einer Flasche oder

professionelle. Diese Instrumente eignen sich (besonders für Leute mit Rhythmusgefühl) gut, um auch diejenigen zu INvolvieren, die normalerweise nicht singen mögen.

6. *Theater* – Theater eignet sich sehr gut, um Leute in eure gemeinsamen Momente zu INvolvieren. Die Proben für ein Theaterstück eignen sich auch gut für Momente des Jüngerschaftstrainings, weil die Gruppe auf ein gemeinsames Ziel (die Vorstellung) hinarbeitet und sich dabei besser kennenlernen kann. Auf unserer Website (http://duzie.com) bieten wir die »U act 2«-DVD/CD-Reihe zum Verkauf an. Darauf sind jeweils 5–7 Theaterstücke enthalten, die eine kleine Gruppe einstudieren und innerhalb kurzer Zeit mit Unterstützung der Playback-CD aufführen kann. Theater eignet sich auch für kurzfristige Missionseinsätze, um deine Gruppe zu INvolvieren.
7. *Tanz* – ist eine großartige Gelegenheit (wie Theater), diejenigen zu INvolvieren, die bereit sind, einen Tanz zu lernen und gemeinsam zu üben. Die Begeisterung und die Teamarbeit, die von den INvolvierten Teilnehmern ausgeht, ist fabelhaft.
8. *Experimente* – Wissenschaftliche Experimente eignen sich hervorragend, um deine Gruppe zu INvolvieren. Sie können in einem Raum von vorn oder in der Mitte gezeigt werden, sodass alle zusehen können. Wenn genug Material vorhanden ist, können die Experimente auch in kleinen Gruppen ausgeführt werden. Ein sehr einfaches, aber eindrucksvolles Experiment ist, wenn man ein Pfefferminzbonbon in ein Glas Diät-Cola tut und gut schüttelt. Führe das auf jeden Fall im Freien durch und sieh zu, dass niemand zu dicht neben dir steht, denn es explodiert. Viele naturwissenschaftliche Bücher für Kinder enthalten einfache Experimente, mit denen man erinnerungswürdige INvolvierte Momente schaffen kann.
9. *Wettkampf* – Ein Wettkampf kann mit einem Publikum oder einer Gruppe durchgeführt werden. Wir setzen oft den »Leben – Tod«-Wettkampf ein. Wenn du weißt, wie man »Schere, Stein, Papier« spielt, kannst du das für den Wettkampf benutzen. Erkläre zuerst, wie man die verschiedenen Figuren durch die entsprechende Handhaltung darstellt und

welche Figur gewinnt. Dann, wenn alle bereit sind, beginnt der Wettkampf (in Zweiergruppen, alle gleichzeitig). Zähle »1, 2, 3« (bei »3« muss jeder seine Form machen). Der Verlierer muss wie »tot« auf den Boden fallen und der Gewinner, der »lebt«, muss einen anderen Gewinner suchen. Der Wettkampf geht weiter, bis im Finale nur noch zwei übrig sind. Es gibt noch viele andere Wettkämpfe, mit denen man Teilnehmer INvolvieren kann.

10. *Male ein Bild* – Das gibt denen, die künstlerisch veranlagt sind, die Gelegenheit zu glänzen (und die weniger Begabten können versuchen, sich einmal auf eine neue Art auszudrücken). Wenn euer Thema »Freude« ist, kann jeder ein Bild malen, das Freude ausdrückt. Dann lass diejenigen, die das möchten, ihre Bilder vorführen und erklären. Das kann in ihren Kleingruppen geschehen oder mit Vertretern aus der ganzen Gruppe.
11. *Schreib ein Gedicht* – Wenn ihr über ein bestimmtes Thema sprecht, kannst du die Teilnehmer ein Gedicht schreiben lassen. Wenn euer Thema Liebe ist, kann jeder ein Gedicht über Liebe schreiben. Jeder kann sein eigenes Gedicht schreiben oder die Gruppe kann gemeinsam eins verfassen. Oft kommen in solchem Momenten Meisterwerke heraus. Die Gedichte haben oft sehr viel mehr ausgesagt, als wir das jemals könnten.
12. *Debatte* – Bei einem umstrittenen Thema eignet sich eine Debatte sehr gut, um die Leute zum Nachdenken zu bringen und sich mit anderen zu identifizieren. Abtreibung und Drogen sind gute Themen dafür. Ordne jedem Teilnehmer eine Position zu (dafür oder dagegen – sie müssen nicht unbedingt tatsächlich davon überzeugt sein). Gib jeder Gruppe Zeit, sich ein paar Punkte zu überlegen, um die andere Seite zu überzeugen. Dann kann die Debatte beginnen. Eine Gruppe trägt ihre Position vor und belegt sie mit einem Argument. Die andere Gruppe antwortet darauf und dann gehen die Argumente hin und her. Du brauchst jemanden, der die Debatte kontrolliert, damit es friedlich bleibt und jede Seite zu Wort kommt. Es ist wichtig, dass du nach der Debatte eine Nachbesprechung durchführst. Jeder kann sich am Ende der Debatte seine eigene Meinung bilden.

13. *Schreibe eine Gruppen-Postkarte an einen Freund/eine Freundin* – Das ist eine tolle Sache. Lass eine Gruppe gemeinsam eine Postkarte schreiben. Wechselt euch ab und schreibt jeder einen Satz oder ein Wort oder einen kleinen Absatz. Noch besser: Schreibt doch einmal eine Karte an eine unbekannte Person. Sorgt dafür, dass jemand für das Abschicken verantwortlich ist.
14. *Geschmacksprobe* – Auf diese Weise können einige Sinne, die wir nicht so oft benutzen, INvolviert werden. Da riechen, berühren und sehen für den Geschmackssinn wichtig sind, solltest du für diese Aktion einige dieser Sinne vorübergehend »ausschalten«. Sammle einige INteressante Sachen, die sich für eine Geschmacksprobe eignen. Wähle die Teilnehmer aus. Verbinde ihnen bei einigen Proben die Augen, damit die Teilnehmer nichts sehen können. Bei anderen kannst du ihnen die Nase zuhalten, um den Geruchssinn einzuschränken. Andere Proben dürfen nicht angefasst werden. (Du kannst auch die »Geschmacksprobe« zu einer »Blindprobe« abändern und den Teilnehmern immer die Augen verbinden.)
15. *INteraktives Bibellesen* – Wenn du PowerPoint zur Verfügung hast, kannst du die Verse mit Farben markieren und entsprechend lesen lassen: rosa (oder rot) für die Mädchen, blau für die Jungs und schwarz für den Erzähler oder die ganze Gruppe. Wenn ihre Farbe dran ist, stehen sie auf und lesen laut vor. Oder du kannst ihnen verschiedene Rollen zuweisen wie Jesus oder die Jünger im Neuen Testament. Wenn der Charakter spricht, stehen sie auf und lesen laut vor und der Erzähler kann die anderen Stellen lesen.
16. *Freiwillige* – Du kannst Freiwillige INvolvieren und sie können etwas für dich halten, etwas zeichnen, etwas schauspielern oder ihre Geschichte erzählen. Es ist wichtig, dass du deine Freiwilligen mit Respekt behandelst und sie nicht blamierst. Sorg dafür, dass sie nie dumm dastehen und dass sich niemand über sie lustig macht (sonst meldet sich keiner mehr freiwillig).
17. *Der heiße Stuhl* – Fordere einige deiner selbstbewussteren Teilnehmer auf, auf dem heißen Stuhl (dazu eignet sich jeder Stuhl)

Platz zu nehmen. Bereite im Voraus einige schriftliche Fragen vor. Wenn gefragt, sollte die Person (oder die Personen) auf dem heißen Stuhl die erstbeste Antwort geben, die ihm oder ihr in den Sinn kommt.

18. *Gebetswand* – Man kann auf verschiedene Art und Weise Gebetsanliegen weitergeben und dafür beten. Gebetswände sind (eventuell mit Papier versehene) Flächen, auf die Leute ihre Gebetsanliegen schreiben können. Es ist gut, wenn ihr euch dann Zeit nehmt, um für diese Bitten zu beten oder jemanden zu haben, der sie zu Gott trägt. Es können allgemeine oder spezifische Bitten sein. Während einer Konferenz hatten wir eine »Gebetsmauer« (ein großes Brett mit Papier, auf das Mauersteine gemalt waren). Im Laufe der Woche schrieben wir darauf Dinge, die uns zu erdrücken drohten – Dinge, für die wir beten wollten. Während der Woche beteten wir dafür. Am Ende der Woche schlugen wir die Wand kaputt als Symbol dafür, dass Gott mehr Kontrolle hat und dass er INteresse an unserer Freiheit hat und nicht an Mauern, die unser Leben eingrenzen.
19. *Gebetsbälle* – Das ist ebenfalls eine einzigartige Möglichkeit, mit Leuten für bestimmte Angelegenheiten zu beten. Wenn du gerade eine bestimmte Menschengruppe im Blick hast (wie zum Beispiel die Dalit-Kaste in Indien), dann gib den anderen einige Informationen, Bilder und Geschichten über diese niedrigste Kaste in Indien und dann wirf einen Gebetsball in die Runde. Wer den Ball in der Hand hat, betet für alles, was ihm in Bezug auf die Dalit einfällt. Wenn er fertig ist, gibt er den Ball weiter, damit jemand anderes beten kann. Man kann den Ball so oft nehmen, wie man möchte. Man kann das, was Gott einem aufs Herz legt, auch immer wieder beten. In Jakobus 5,16 heißt es: »Das Gebet eines gerechten Menschen hat große Macht und kann viel bewirken.«
20. *Lass dir Fragen stellen* – Oft wollen wir selbst alle Fragen stellen. Dreh doch einmal den Spieß um. Erlaube den anderen, dir Fragen zu stellen (gib ihnen Regeln – wenn alle Fragen erlaubt sind, sei auf alles gefasst). Oder du kannst den Gruppen erlauben, sich am Ende eines bestimmten Themas (zum

Beispiel »Mit Freunden über Jesus reden«), gegenseitig Fragen zu stellen. Dadurch erfährst du ihre Antworten.

21. *Projektarbeit* – Damit kann man Leute gut einmalig oder über einen Zeitraum hinweg INvolvieren. Zum Beispiel könnte eine Gruppe als Projekt in einem Stadtteil sauber machen, während einer Konferenz für Erwachsene mit den Kindern spielen oder den Rasen für jemanden aus dem Bekanntenkreis mähen, der auf Hilfe angewiesen ist. Ein langfristiges Projekt könnte zum Beispiel sein, ein Dalit-Kind mit monatlichen Beiträgen zu unterstützen, damit es in die Schule gehen kann. Das Dalit-Freedom-Network hat dazu Informationen unter www.dalitchild.com.
22. *Lachen* – Wenn Leute etwas lustig finden und laut lachen, werden Endorphine (Glückshormone) freigesetzt und die Leute fühlen sich besser. Humor eignet sich ausgezeichnet, um diejenigen, zu denen du eine Beziehung aufbauen willst, zu INvolvieren. Sei ganz du und finde heraus, was sie für lustig halten, damit sie nicht nur die Augenbrauen hochziehen und dich komisch angucken.
23. *Talkshow* – Im Fernsehen gibt es jeden Tag viele Talkshows. Warum nicht selber eine machen? Such ein Thema aus. Dann lade Leute aus verschiedenen Altersgruppen zu einem Interview über das Thema ein. Oder wähle Leute mit unterschiedlichen Ansichten und Lebensgeschichten zum Thema aus und vergleiche die unterschiedlichen Entscheidungen, die sie getroffen haben. Wenn du ganz kreativ sein willst, kannst du deine eigenen Werbepausen vorbereiten und den Produzenten in den Pausen mit dem Publikum sprechen lassen. Wenn du willst, benutze Kameras für die Show.
24. *Finde die Antwort* – Damit kannst du – je nach Thema – Leute auf verschiedene Art und Weise INvolvieren. Du könntest Rätselblätter vorbereiten; jeder bekommt einen Stift und ihr veranstaltet einen Rätselwettbewerb. Du könntest ein Puzzle suchen (oder selbst machen) und die Antworten darauf schreiben. Oder du könntest (in der Nachbarschaft, im Gebäude oder im Zimmer) eine Schnitzeljagd veranstalten, bei der die verschiedenen Hinweise zur richtigen Antwort führen.

25. *Zeugnis geben* – Auf diese Weise können Leute gut ihre persönliche Geschichte erzählen. Du kannst die Gruppe spontan dazu auffordern oder darauf vorbereiten, indem du ankündigst, dass sie nächste Woche Gelegenheit haben, ihre Geschichte zu erzählen. Wir haben festgestellt, dass ein guter Abschluss für einwöchige Konferenzen oder Camps eine besondere Zeit für ein Zeugnis oder persönliche Geschichten ist (besonders, wenn das abends am Lagerfeuer stattfinden kann). In dieser Zeit kann jeder, der das möchte, davon erzählen, was Gott in seinem Leben getan oder wie er zu ihm gesprochen hat.

Unten ist eine Liste mit verschiedenen weiteren Tipps, wie man andere INvolvieren kann. Lass dich einmal darauf ein – und wende diese Vorschläge ganz individuell auf das Leben deiner Zuhörer an.

- Spielt ein Spiel.
- Trainiert eine Fähigkeit.
- Macht einen Test.
- Veranstaltet eine Umfrage.
- Probiert ein Rollenspiel aus.
- Entwickelt einen Test für andere.
- Schreibt einen Bibeltext in eure Jugendsprache um.
- Lest einen Bibeltext, in den Fehler oder Gegensätze eingebaut wurden, und findet die Abweichungen.
- Nehmt verschwendetes Geld und zerreißt es.
- Organisiert ein paar teambildende Aktivitäten.
- Serviert euch gegenseitig Essen.
- Erzählt euch gegenseitig von einem schlechten Tag.
- Schreibt Verse und Zahlen mit Knabberzeug.
- Veranstaltet eine Karaoke.
- Backt Brownies mit je zur Hälfte Zucker und Salz.
- Gib der Gruppe Geld mit der Auflage, es zu vermehren.
- Veranstaltet eine Schatzsuche mit oder ohne Hinweise.
- Löse eine große Gruppe in mehrere kleine Gruppen auf und sprecht dann über Einsamkeit.
- Schaut euch um und sprecht über eure Unterschiede.

- Spielt »Stille Post«.
- Veranstaltet ein INteraktives Singen mit Liedern, in denen ihr Lücken füllen oder euch einen neuen Text ausdenken müsst.
- Spielt »Laurentia« mit allem, was dazugehört.

14. Dein unvergesslicher Moment

Auf die Plätze, fertig, los. Das macht am meisten Spaß beim Kommunizieren. Sieh dich um, nimm das Leben wahr und stelle eine Verbindung zur Wahrheit her. Wahrheit, die sich erfahren lässt, angewendet wird und so in Erinnerung bleibt. Unten stehen einige Fragen, die dir helfen sollen, deinen nächsten Moment zu planen. Nimm dir Zeit und schaffe unvergessliche Momente. Das ist ein wunderschönes Kunstwerk.

1. Denke zunächst über dein Thema nach. Was möchtest du einem, mehreren oder einem ganzen Publikum nahebringen?
2. Nun denke über deine Zuhörer nach. Was könnten sie sehen, hören, berühren, schmecken oder riechen, um das Thema besser zu erleben?
3. Ist es eine Erfahrung, die du in ihre Hände legen kannst, oder kannst du sie darüber sprechen lassen? Ist es eine Erfahrung voller unbeantworteter oder ungestellter Fragen? Ist dieser Moment erstrebenswert für sie?
4. Ist diese Erfahrung schnell zu verarbeiten? Werden die Beteiligten einige Tage lang INvolviert sein oder vielleicht ihr Leben lang? Wie kannst du ihnen helfen, einen ersten Schritt zu machen?
5. Wirst du die Verbindung zu der Erfahrung herstellen oder machen sie das selbst?
6. Schließlich noch ein Rat … genieße den Moment! Schau nicht auf deine Notizen, um zu sehen, wie du die Erfahrung am besten umsetzen kannst. Nimm wahr, wie INvolviert sie sind, und genieße den Moment … ach ja, und fang Fische!

15. Ein Duzie-Moment

Du bist den Wegweisern gefolgt und durch INteragieren, INteresse und jetzt INvolvieren gereist. Du bist umgeben von Erfahrungen, die du unterwegs gesammelt hast.

An einem wunderschönen Sommermorgen 2001 füllten einige Tausend junger Leute und ihre Leiter den Fußboden, die Sitze und Tribünen einer großen Hallenfußball-Arena in Offenburg in Deutschland. Während der Woche haben sie sich bei dem TeenStreet-Kongress mit dem Thema »Kingdom Come« (Gottes Reich kommt) befasst. In den vergangenen Tagen haben sie Kreaturen aus einem anderen Königreich und mit Ballons gefüllte Schlafanzüge erlebt. Sie sahen zu, als Suzie in der Mitte durchgetrennt wurde, mit Klebeband geflickt und im Krankenwagen abtransportiert wurde. Sie nahmen Anrufe von Gott entgegen und lernten eine Predigt von Jesus auswendig.

Jetzt saßen sie in den Reihen und warteten, riefen und sangen. Der letzte Morgen war anders, weil sie alle einen lilafarbenen Operationshandschuh erhalten hatten. Keine Erklärung, aber große Erwartungen.

Wir wollten jeden Einzelnen mit einer erinnerungswürdigen Erfahrung nach Hause schicken, die für ihn oder sie greifbar machte, wie »Gottes Reich kommt«. Wir legten einen lilafarbenen Handschuh auf die Hauptbühne und warteten. Wir baten den Handschuh, viele Dinge zu tun, aber er weigerte sich, sich zu bewegen. Sogar ganz simple Sachen waren unmöglich für den leblosen Handschuh. Dann stülpten Dan und Suzie den Handschuh auf die Hand einer Person und baten ihn wieder, verschiedene Handlungen auszuführen. Diesmal konnte er es. Der Handschuh bewegte sich und war voller Leben.

Die Botschaft war klar. Gottes Reich ist voller Dinge, die wir tun können, aber um die Aufgaben des Königs zu vollbringen, müssen wir vom König erfüllt sein. Er ist unser Leben, unsere Stärke und unsere Energie. Als Handschuh können wir nichts. Das »Reich« muss erst in uns »hineinkommen«.

Nun stellten wir allen eine Aufgabe. Sie sollten nicht vortreten oder aufstehen, sondern jeder sollte entweder einen Handschuh anziehen oder ihn leblos liegen lassen. Es war ihre Entscheidung. Sie bekamen Zeit, ihr Leben und den Handschuh gedanklich zu verarbeiten. Versuchten sie, ihr Leben im Königreich ohne den König zu leben? Versuchten sie, den König mit ihren Handlungen zu beeindrucken? War Jesus in ihnen und ermächtigte er sie, anderen zu dienen, sie zu unterstützen und ihnen ihre Geschichte zu erzählen? Wie in einer Welle wurde ein Handschuh nach dem anderen angezogen und Gebete stiegen zum Himmel. Als die Handschuhe angezogen waren, hoben alle die Hände, um dem großen König ihre Hingabe zu zeigen. Aus zehn wurden hundert und dann über tausend. Der ganze Raum wurde lila von all den Handschuhen.

Viele der Teens und Erwachsenen trugen ihren Handschuh den ganzen Tag; wir haben immer noch den ersten Handschuh in einem Regal in Dans Büro. Die Erfahrung, der Moment, die Erinnerung und unsere Verbindung damit bestehen immer noch. Wir beten, dass sie in ihrem Leben bleiben und sich in ganz Europa ausbreiten.

Diese Erfahrung ist dir angeboten worden wie ein Handschuh, der darauf wartet, angezogen zu werden. Siehst du in deinen Händen das Leben von Menschen oder nur eine Lektion, die zu lernen ist? Erlaube dem Geist Gottes, dich mit all dem zu füllen, was du für sein Reich brauchst. Jesus sagte, das Reich ist wie – wie eine Erfahrung!

Das ist nur einer unserer Duzie-Momente, in denen wir INvolviertsein erlebt haben. Wir glauben, dass es funktioniert, und ermutigen dich dazu, die Kunst des INvolvierens zu üben und zu perfektionieren. Das öffnet die dritte Tür, eine Tür zur Veränderung. Wenn du aufblickst, siehst du den letzten Wegweiser: Es ist der Weg nach *INspirieren*.

Wegweiser 4 – INspirieren

0. Einführung INspirieren

INspiration bewegt eine Person über das »Kenne ich schon« hinaus zum »Will ich kennenlernen«. Ohne INspiration besitzt ein Mensch nur Wissen. Seine Informationen hat er im Laufe der Zeit aus persönlichen Erfahrungen und den Beiträgen anderer zusammengetragen. INspiration ist mehr als die erfolgreiche Weitergabe von Informationen. INspiration ist eine Weitergabe von Leidenschaft, Sinn und Glauben.

Durch Informationen kann man etwas über Fische und das Fischen lernen. INspiration nimmt eine Person mit an einen vollkommen unbekannten See und regt sie an, die Netze auszuwerfen. Der Unterschied ist einfach: Beim Fischen endet der Fisch bei dir, aber bei INspiration endest du bei den Fischen.

INspiration versucht nicht, mit Schuldgefühlen zu manipulieren oder jemanden durch ein neues Gesetz oder eine neue Ordnung zu kontrollieren. INspiration sagt ganz einfach: »Ich glaube an dich!« INspiration bietet Menschen eine Möglichkeit zu leben, zu sein und gibt ihnen etwas zu tun.

Vor vielen Jahren hatte ein junger Mann aus Großbritannien die Erfahrung nötig, dass er etwas konnte. Er musste erleben, dass er Jesus folgen, mutig sein, er selbst sein und gute Entscheidungen treffen konnte. Wir INteragierten eine Weile mit diesem jungen Mann. Wir sahen großes Potenzial zu einem fantastischen Leben, aber auch zu einer riesigen Katastrophe. Wir weckten bei ihm das INteresse, seine Welt zu verändern und eine Freundschaft mit Jesus zu leben. Wir INvolvierten ihn in mehrere Erlebnisse, um ihn persönlich mit der Wahrheit zu konfrontieren. Dann ließen wir ihn wissen, dass wir an ihn glaubten.

Was er aus unserer gemeinsamen ConneXellence-Erfahrung machte, war seine Sache. Als unsere gemeinsamen Momente endeten und er nach Hause ging, kannte er die Wahrheit und wusste, dass wir an ihn glaubten. Er ging und lebte ein »unINspiriertes« Leben. Viele Jahre später, nachdem die Welt und einige Schicksalsschläge ihn verändert hatten, erinnerte er sich, dass wir einst an ihn geglaubt hatten, und fand heraus, dass sich daran nichts geändert hatte. Jetzt war er dazu INspiriert, das Leben zu leben, dem er einst ausgewichen war.

Wir können immer INteragieren, INteressieren und INvolvieren, aber wir können nie die Entscheidungen für andere treffen. INspiration ist ihre Wahl. Sie kann heute getroffen werden, morgen, in fünf Jahren oder nie. Unsere Aufgabe ist es zu glauben, auch wenn sie das nicht können.

Wir haben entdeckt, dass eine Partnerschaft mit Gott notwendig ist, um Leute zu INspirieren. Gott kann uns durch verschiedene Beziehungs-Momente gebrauchen, aber nur er selbst kann Verstand, Körper und Geist empfänglich machen und Veränderung bewirken. Wir können Möglichkeiten im Leben aufzeigen, wir können unsere Geschichten erzählen und wir können an die anderen glauben. Aber nur sie können die Gelegenheit nutzen und Veränderungen vornehmen. Wir erleben nur *Momente* mit Leuten, aber Gott lebt außerhalb der Momente. Er wirkt geheimnisvoll auf die Seele ein und bereitet uns darauf vor, INspiriert zu leben.

Wir glauben, dass die meisten INspirierten Momente gegen Ende einer ConneXellence-Reise mit einer Person oder einer Gruppe stattfinden. Manchmal allerdings kann INspiration auch zu Beginn oder in der Mitte einer Reise stattfinden. Oft entsteht sie durch eine persönliche Geschichte von Erfolg oder Versagen, verbunden mit dem Wissen, dass wir an den anderen glauben. Ein INspirierter Mensch sagt innerlich: »Das will ich!« Wir sehen oft Leute, die sagen: »Wow, das war INteressant oder beeindruckend.« Das ist keine INspiration! Wenn der Wunsch, anders zu sein oder etwas zu bewirken, jemanden aufweckt; wenn er bereit ist, mit Gottes und deiner Hilfe eine bestimmte Handlungsweise oder innere Haltung zu ändern: Dann würden wir sagen, er ist INspiriert.

1. Der klärende Moment

Die Grundform:
INspirieren

Weitere Formen:
INspiration, INspirierend, INspiriert, INspirierst, INspirierte

Andere Worte, die sich auf INspirieren reimen:
gratulieren, salutieren, instruieren, jonglieren, konzentrieren

Das Wort INspirieren in anderen Sprachen:
Arabisch – ي شُ ج ع ّ الث ق َ ه، ي ع ُ يطْ, Chinesisch – [illegible],
Griechisch – ἐνθαρρύνω, ἐμψυχώνω, Russisch – вдохновлять,
Koreanisch – [illegible]

In Wörterbüchern steht:
ins|pi|rie|ren

1. Menschen zu größeren Anstrengungen oder größerer Begeisterung oder Kreativität animieren
2. ein bestimmtes Gefühl bei anderen erzeugen
3. andere zu etwas anregen
4. einen animierenden, beschleunigenden oder erhebenden Einfluss ausüben
5. mit einem bestimmten Gefühl, Gedanken usw. erfüllen oder beeinflussen
6. durch göttlichen Einfluss führen oder steuern

Die Duzie-Definition:
Wir konnten uns nicht entscheiden, welche Duzie-Definition am besten ist. Deshalb haben wir das gemacht, was jedes Wörterbuch tun würde: Wir haben zwei aufgeführt. Du kannst entscheiden, welche dir besser gefällt, und sie auf dein Leben anwenden.

INspirieren: Eine bestimmte Sehnsucht wecken, welche die Leidenschaft eines anderen auf eine bestimmte Handlung oder Haltung ausrichtet.

INspirieren: Jemanden aufrütteln und ihm helfen zu sehen, dass sein Leben anders sein und etwas bewirken kann.

Die Verbindung:
Die Erfahrung mit dem Leben.

2. Bewegungen und Momente

Die letzte Bewegung steht für die Explosion, die vom Scheitel bis zur Sohle zu hören ist, wenn das Aha-Erlebnis kommt. Strecke die vier Finger deiner rechten Hand aus und beuge deinen Daumen.

Jetzt falte vorsichtig einen Finger nach dem anderen über deinen gebeugten Daumen. Sei dabei so vorsichtig wie ein Bombenexperte und versichere dich, dass du alles bedacht hast. Halte das lebensverändernde Päckchen neben die rechte Schläfe. Lasse es an dieser Stelle, während du langsam weggehst. Los, ein wenig dramatischer, bitte! 3, 2, 1 … wumm!!! Die Finger fliegen mit einem »Wow!« oder »Boah!« auseinander. Tu es. Lass deine Finger von deinem Kopf wegexplodieren – und vergiss nicht das laute Geräusch! Jetzt mach es noch einmal. Wirklich! Spüre das Gefühl, das von dem Ausruf der INspiration geschaffen wird. Spüre einfach die Begeisterung!

Was da widerhallt und rund um die Welt zu sehen und zu hören ist (oder wenigstens bis an die nächste Straßenecke), ist die Erkenntnis: Das hat etwas mit meinem Leben zu tun. Und daraus folgen Motivation und Hingabe. Das geschaffene Verständnis wird jetzt ganz persönlich. Jemand hat es sich zu eigen gemacht. Jetzt ist es nicht mehr nur irgendeine hervorragende Beziehung, sondern *seine* oder *ihre persönliche* hervorragende Beziehung. Die Reise hat hoffentlich etwas im Leben und Handeln des anderen bewirkt.

Wenn ein Ball in deine Richtung gespielt wird, hast du drei Möglichkeiten:

1. Lass den Ball an dir vorübergehen.
2. Nimm den Ball entgegen und spiel ihn zurück.
3. Ergreife Besitz von dem Ball und renn damit los.

INspiration ist der Moment im Leben, wenn jemand mit dem Ball losrennt. Die INteraktion hat ihn auf das Spielfeld gezogen und zum Spielen aufgefordert. Das INteresse hat seinen Blick auf den Ball ausgerichtet und ihm die Gelegenheit zum Mitspielen gegeben. Durch das INvolviertsein flog der Ball in seine Richtung und brachte ihn in Bewegung. Jetzt ist er dran! Das Ergebnis von INspiration ist, dass der andere den Ball vorwärts spielt, in Richtung Tor, Punkt und Sieg.

INspiration ist die Bewegung in einem Moment. Bring den Moment in Bewegung. Baue ihn aus. Mach ihn dir zu eigen. Das ist das Ziel aller Gespräche, Diskussionen, Wettbewerbe und Kommunikation, die du anstößt. Lass deine hervorragenden Beziehungen explodieren, raus aus deinem Hirn und rein in das Alltagsleben deiner Zuhörer!

3. Ein Moment an einem See

Schau dir das Lächeln auf dem Gesicht des Anglers an. Stell dir vor, was in den Köpfen der Fische vorgeht. Das Boot ist voll. Wird dieser Moment zu Leben oder Tod führen?

Schließlich, auf einem See,
in einem Boot mit Fisch und Mann,
Begann ein Wettkampf der Blicke.
Fisch schaut Mann an. Mann schaut Fisch an.
Ein kleiner Fisch, den Wurm noch im Maul, zog am Haken.
»Was jetzt«, denken die Fische, »was hab ich davon?«
Vom Boden des Bootes aus konnten sie nichts sehen.
Dann ging's ins Netz und hoch in die Luft.
Sie konnten kaum glauben, was sie dort sahen.
Land und Bäume, Wasser und Blumen.
Sie schauten sich's eine Stunde lang an.
Kaum einen Tropfen Wasser übersahen sie.
Der Mann dachte: »Jemand hat sie wohl wachgeküsst.«
Langsam holte der kleine Mann sie zu sich heran.
Er hatte nur einen Gedanken, der klar sein sollte.
»Im Leben gibt es mehr zu sehen als Seen.
Es gibt so viel, das ein Fisch sein kann.
Ihr könnt über eure jetzigen Grenzen hinaus.«
Ein neugieriger kleiner Fisch rief vor Staunen: »Wow!
Wir haben gebissen, gesehen und geschmeckt. –

Jetzt ist es Zeit für uns, selbst fischen zu gehen.«
Es ging über die Bootswand, sie waren bereit und INspiriert.
Aber einer sagte lächelnd: »Verbunden bin ich mit dir.«
... Fortsetzung folgt, von anderen Anglern und Fischen.

Der entscheidende Fang

Endlich haben wir einen entscheidenden Fang gemacht. Der Angler fängt die Fische und die Fische fangen den Angler. Er ist nicht alleine nach Hause gegangen und die Fische sind nicht unverändert ins Wasser zurückgegangen.

Fischen besteht aus mehr als nur Booten, Ruten und Netzen. Ein Retter sagte einst: »Ich will euch zeigen, wie man Menschen fischt.« INspiration hebt die große Masse aus den Gezeiten des alltäglichen Lebens.

INteraktion bringt dich in ihr Wasser. INteresse bringt sie unter dein Boot. INvolviertsein lädt sie ein, ins Boot zu springen. INspiration lässt sie deine Leidenschaft leben. Das ist der wunderbare Ruf der Wildnis für alle, die bereit sind.

Von diesem Punkt an geht die Reise nur zu anderen Seen und Fischen, aber du hast Hilfe INspiriert und das verändert die Welt immer.

4. Ein Moment mit Jesus: Entscheidungen

Als die Sandalen, die Jesus trug, vorübergingen, hinterließen sie Spuren der INteraktionen. Als seine Hände zu anderen gingen und sie berührten, blieb die hervorragende Beziehung zu Jesus in Erinnerung. Als die Worte von Jesus nicht mehr zu hören waren, blieb das Echo des persönlichen INvolviertseins zurück. All dies führt an einen Ort – einen Ort namens Entscheidung. INspiration bringt uns immer zu einer Entscheidung. Jesus wusste, dass es ohne Entscheidung keine Sehnsucht gibt.

Jesus gab den Leuten die Wahl.

Erinnerst du dich an den Tag, als Jesus die Frage gestellt wurde: »Meister, was muss ich Gutes tun, um das ewige Leben zu bekommen?« (Matthäus 19,16). Jesus nahm diese Sehnsucht des jungen Mannes mit auf eine Reise, weg von »einfach gut sein und den Geboten gehorchen« (eine selbstgerechte Religion, die auf guten Werken basiert) und hin zu einer Gelegenheit, aus dem Glauben zu leben und dem guten Lehrer zu folgen (eine Gerechtigkeit, die auf totalem Vertrauen auf Gott gründet).

Jesus stellte ihn vor die Wahl. Die Geschichte fährt fort mit den Worten: »Doch als der junge Mann das hörte, ging er traurig fort, denn er war sehr reich« (Matthäus 19,22). War Jesus zu streng mit diesem Mann? Hätte es eine weitere Möglichkeit geben müssen? Oder gab Jesus dem Mann nur die Möglichkeit, seine eigene Sehnsucht zu verstehen?

Stell dir vor, du bist nackt und lebst bei den Toten, von Dämonen besessen und außer Kontrolle. Nach einer weiteren quälenden Nacht wachst du auf – und steigst wütend aus dem Grab. Du wirst begrüßt von einem starken Wind und der sengenden Sonne, aber auch von einem Boot und einem Mann. Der Mann, Jesus, tritt auf dich zu, berührt dein Herz und spricht dich frei. Dann, in Freiheit, unter Freunden, am Feuer und bei gutem Essen, sitzt du Jesus zu Füßen. Du bist INspiriert und deine Sehnsucht drängt dich zu der Frage »Darf ich mit dir gehen?« Jesus schaut liebevoll in deine Richtung und gibt dir die unerwartete Möglichkeit, nach Hause zu gehen und zu verkünden, wie viel Gott für dich getan hat. Was würdest du tun? Würdest du weiterbetteln oder würdest du nach Hause gehen und verkünden, was Gott getan hat? INspiration führt immer zu einer Wahl zwischen persönlicher Freiheit und Reue. Dieser Mann ging nach Hause, motiviert, andere zu INspirieren (Lukas 8,26-39).

Was ist mit der Frau, der Sünderin, vor der jede Mutter ihre Söhne warnt – diese Person, deren Haut die Geschichte von vergessener Freude und unvergesslichem Schmerz erzählt? Was ist mit der Dame, die nie wie eine Dame behandelt wurde und die niemand fragte, woher ihr Geld kam, weil es jeder wusste? Was ist mit der, die oft mitten in der Feier eintraf, aber am Ende nie zu sehen war? Bei dieser Party war sie pünktlich und suchte aufmerksam nach einem Mann, aber mit Tränen in den Augen fand sie Jesus. Was war ihre Motivation? Wir wissen es nicht, aber ihre Wahl war eindeutig: Sie weinte an den Füßen ihres Erretters und trocknete mit ihrem attraktiven Haar Jesus die Füße. Statt sich zu vergnügen, gab sie ihren Schatz an Jesus weiter. Die Handlung, das Gefühl und der Duft erfüllten den Raum. Ihre Entscheidung führte zu öffentlicher Vergebung und persönlichem Frieden (Lukas 7,36-38). Sie hatte gefunden, wonach alle suchten (auch der reiche junge Mann), nämlich Veränderung. Es beginnt mit der Wahl, die wir durch die INspiration bekommen.

Dann kam der Tag, jener unvergessliche letzte Tag mit Jesus. Die Jünger hatten so viel Angst. Sie verstanden es nicht, sie glaubten es nicht, sie versteckten sich und konnten nicht über den Tod ihres Freundes und Königs hinaussehen. Aber während der letzten Tage war Jesus ihnen erschienen, hatte mit ihnen gegessen, hatte sie unterrichtet und war mit ihnen gegangen. Jetzt standen sie auf einem ihnen vertrauten Hügel bei Betanien, umgeben von grünen Bäumen, und INspiration entbrannte. Als seine Anhänger, Freunde und Verwandten hatten sie Jesus von der unvollendeten Tat sprechen hören. Der verbleibende Aufruf zur Umkehr, zur Vergebung der Sünden, zur Verkündigung der guten Nachricht und zum Gewinnen neuer Jünger, zum Warten auf die Ankunft des Heiligen Geistes und zum Hinausgehen, Gehen, Gehen. Seine Hände streckten sich ihnen entgegen, seine Worte waren ein Segen, seine Sandalen hoben vom Boden ab und folgten ihm in den nachmittäglichen blauen Himmel voller wunderschöner weißer Wolken. Dann war er weg. Jeder blieb mit einer Entscheidung zurück – mit dem letztem Geschenk, das Jesus ihnen machte. Und die INspiration explodierte! Sie entschieden sich zum Lobpreis, zum Zeugnisgeben und dazu, die Werke Gottes zu vollbringen – und sie veränderten die Welt (Matthäus 28, Markus 16, Lukas 24, Apostelgeschichte 1 und 2).

Jesus machte den Leuten so viele Geschenke. Er schenkte ihnen Arbeit (Markus 1,17), Gesundheit (Lukas 9,10-11), Freiheit (Lukas 4,18), Frieden (Johannes 14,27), Lebenssinn (Apostelgeschichte 9) und Leben (Johannes 3,15-16). Diese Momente der INspiration wurden nur von den Leuten erfahren, die verstanden, dass Jesus ihnen vor allem die Wahl gab. Ihre Entscheidung konnte sie dazu motivieren, von den Hinterreihen eines Moments mit Jesus an die Spitze einer Entscheidung zu kommen, die ihnen ewige Veränderung bringen konnte.

Jetzt ist es an uns, der Welt eine Wahl zu geben, mit dem gleichen Geist wie Jesus zu arbeiten und diese Generation zu INspirieren. Wir alle haben diese Möglichkeit bekommen – was werden wir tun?

Danke, Jesus, dass du uns so erstaunliche lebensechte Beispiele von deiner Lebensweise gegeben hast und uns damit einen Weg zeigst, den wir in unseren hervorragenden Beziehungen zu dir und anderen Menschen gehen können.

5. Ein Moment zu zweit: eine Lieferantin namens Pat

Pat ist eine vollmächtige Botin Gottes, gut verkleidet als kleine alte Dame aus Nordirland. Sie ist eine besondere Art von Person mit magnetischer Anziehungskraft, die alle möglichen guten Dinge in deine Richtung zieht. Viele Leute, besonders junge Leute, wollten in ihrer Nähe sein, nur um auch noch das letzte Krümelchen von Jesus zu ergattern, das sie in ihrem Leben fallen ließ.

Wir trafen Pat zum ersten Mal bei einem *TeenStreet*-Event vor einigen Jahren. Pat gehörte zum Gebetsteam. Uns fiel auf, noch bevor wir einander vorgestellt wurden, dass sie eine einzigartige Person war. Wir fühlten uns immer mehr von ihr angezogen, je mehr sie sich in unser Programmteam und in die tägliche Gebetsunterstützung für uns als Paar, Familie und Referenten INvolvierte.

Eines Tages beobachteten wir, wie sie langsam durch die Haupthalle an den leeren Stühlen vorbeiging für jede Person betete, die den jeweiligen Platz bei den kommenden Treffen einnehmen würde.

Sie hat von Zeit zu Zeit an Veranstaltungen in Deutschland, Uruguay und Irland teilgenommen, um zu beten, zuzuhören und Gott durch sie wirken zu lassen. Die erinnerungswürdigsten Momente waren die, wenn sie zu uns kam, nachdem sie Zeit mit Jesus verbracht hat. Sie trat bescheiden an unsere Seite und gab uns einen Zettel, auf dem das stand, was sie während ihres Besuches bei Gott aufgeschrieben hat. Der Heilige Geist sagte ihr das, was wir nicht hören konnten, weil wir zu beschäftigt waren, um zuzuhören.

Vor Kurzem, in Kilkenny in Irland, kam sie mit ihrem »Rate mal«-Lächeln kurz vor einem Treffen auf uns zu. In ihrer Hand hielt sie einige kleine Blätter Papier. Jedes von ihnen enthielt eine direkte Niederschrift von dem, was der Geist Gottes uns ihrer Meinung nach sagen wollte.

Diesmal waren es drei Seiten. Wir dachten: »Wow! Gott muss uns eine Menge zu sagen haben.« Auf dem obersten Blatt standen unsere Namen und auf den anderen beiden waren die Namen unserer Söhne. Zu jedem Blatt hatte sie einen Gegenstand.

Unsere waren ein Paar kleine Schaufeln oder Maurerkellen, die kleinen Geräte, mit denen man vor dem Säen in der Erde gräbt oder mit denen man Zement auf Ziegelsteine tut, um Häuser zu bauen. Das war eine INspirierende Botschaft. Gott wollte, dass wir die Werkzeuge, die er uns gegeben hatte, nutzen, um unseren Boden (unser Leben) durch das Gebet weich zu halten und uns gleichzeitig auf den Aufbau von Leuten – Stein um Stein in jeder Nation – zu konzentrieren.

Das hat vielleicht nicht viel Bedeutung für dich, aber wir hatten seit einiger Zeit um eine Bestätigung für die gewaltigen Veränderungen gebetet, für die Jesus uns unserem Empfinden nach vorbereitete. Dieser Moment mit Pat, diese Blätter Papier und die zwei Maurerkellen stellten die Verbindung dar, die wir brauchten.

Wahre INspiration ist eine Partnerschaft mit dem Geist Gottes. Zu hören, was wir sagen sollen, wie wir es sagen sollen, zu wem und wann, das ist eine Sache des persönlichen Lebens mit Gott.

Danke, Pat, dass du mit Gott und uns gehst! Du bist ein aktives Mitglied in der »Gott und Sohn GmbH«. Du arbeitest in der Auslieferung. Wir haben dich lieb!

6. Ein Moment mit mehreren: Über den Moment hinausblicken

Wenn du uns nach unserem Lieblingsland fragen würdest, würden wir dir gemeinsam mit einem Land antworten, in dem es sehr viele wunderschöne Gebirge, Meere, Tiere und Menschen gibt: Südafrika!

Viele Jahre lang arbeiteten wir mit Freunden in Südafrika zusammen, um auch dort *TeenStreet* zu etablieren. Meist hörten wir, dass so etwas entweder nicht benötigt werde oder dass das Land noch nicht für so ein Event bereit wäre. Wir hatten immer gehofft, dass die Zeit einfach noch nicht reif war, denn die jungen Leute dort sehnten sich nach der Wahrheit und waren immer bereit, alles Gelernte auch umzusetzen.

Dann kam Reinhold, ein Mann aus Namibia. Ihm waren Kongresse oder Events nicht so wichtig. Stattdessen lag es ihm am Herzen, einen neuen Schwerpunkt in der Jugendarbeit zu setzen, besonders für die Township-Kirchen. Er hat die leidenschaftliche Vision, mit kleinen Gruppen von Pastoren und Jugendmitarbeitern im gesamten Land zusammenzuarbeiten. Er will ihnen zuhören, Beziehungen aufbauen und sie dazu INspirieren, sich auf ihre nächste Generation zu konzentrieren, innerhalb und außerhalb der Ortskirche.

Er gründete *Young Hope* für *Operation Mobilisation* in Südafrika, eine Gruppe, die helfen sollte, ein Netzwerk von Kirchen zu entwickeln. Gemeinsam wollen sie die nächste Generation motivieren und befähigen, eine wahre Freundschaft mit Jesus zu haben und ihn ihren Mitmenschen vorzuleben. Ein jährliches Jugendtreffen sollte dazu beitragen.

Dann wurde *TeenStreet* eingeladen, nach Afrika zu kommen. Reinhold wurde der Direktor. Er stellte ein fähiges Team zusammen, das jede Minute des siebentägigen Events leiten sollte.

Jeden Abend hatten wir das Privileg, mit dieser kleinen Gruppe von jungen Leitern zusammenzutreffen, wenn sie über den Tag sprachen und sich auf das nächste Ziel konzentrierten. Reinhold lehrte uns sehr viel darüber, was es heißt, eine Kleingruppe zu INspirieren.

Er hörte sich den Küchenbericht an und die Berichte über die Schwierigkeiten und Erfolge aller Aktivitäten und alles andere, was angesprochen wurde. Leute gaben ihre Kommentare ab und boten ihre Hilfe für den folgenden Tag an. Reinhold saß friedlich da, lehnte sich voller Erwartung vor und lächelte. Es ging jetzt nicht darum, zu kritisieren und analysieren. Es ging darum, sein Team zu INspirieren.

Alle verließen diese Meetings mit neu geschärftem Blick für den kommenden Tag und nicht mit Bedauern oder einem schlechten Gefühl bezüglich des vergangenen Tages. Das hatte die INspiration bewirkt. Ein guter Leiter wie Reinhold managt nicht die »Schlaglöcher«, über die wir stolpern, sondern zeigt auf das, was bevorsteht, was erreicht werden kann und darauf, wie wertvoll jeder für das anstehende Abenteuer ist. Reinhold glaubte an seine Leute und gemeinsam konnten sie viel erreichen.

Danke, Reinhold, dass du so INspirierend bist! Deine kleine Gruppe von Leitern, viele Gruppen von Pastoren und Jugendmitarbeitern in Südafrika – und wir auch – sind INspiriert worden. Du hast uns alle durch Türen geführt, die uns einst verschlossen schienen, sodass wir über den Moment hinausblicken konnten. Danke auch an Natalie. Du und Reinhold, ihr seid ein super Team. Zeit mit euch zu verbringen ist immer eine Freude!

7. Ein Moment im Publikum: Schätze heben

Nur wenige Dinge im Leben können eine große Anzahl von Menschen gleichzeitig INspirieren. Der Grand Canyon kann ein starkes Gefühl von Ehrfurcht vermitteln. Ein Sonnenuntergang am Meer kann Leute dazu bringen, über die Schönheit von Gottes Fingerfarben zu schwärmen. Ein Monumentalfilm kann Leute zu Tränen und Dankbarkeit bewegen. Die Geburt eines Kindes kann ein tiefes Verantwortungsgefühl erzeugen. Aber aus irgendeinem Grund wählt Gott gewöhnliche Menschen, um andere normale Menschen zu INspirieren.

Peter ist ein sehr guter Freund und Mentor von uns. Er hatte die Gelegenheit, jedes Jahr zu Tausenden in der ganzen Welt zu predigen. Wenn er spricht, wissen wir, dass wir nicht nur einer bewährten Botschaft zuhören, die überall gut ankommt. Wir sind umgeben von Schätzen, von Goldstücken biblischer Wahrheit, die er über Stunden persönlich in Gottes Wort geschürft hat. Diese Juwelen kamen erst ans Tageslicht, nachdem sie in seinem eigenen Leben Gestalt gewonnen hatten.

Bei einem Kongress hatten wir das Privileg, in der ersten Reihe zu sitzen, während er sprach. Niemand saß vor uns, der uns ablenken konnte, und wir waren weit genug weg von denen, die nur mal eine schnelle Frage hatten. Wir saßen da mit Bibel und Stift in der Hand und hofften, dass Gottes Geist uns INspirieren würde.

Es ging um einen Abschnitt aus Psalm 139. »Herr, du hast mein Herz geprüft und weißt alles über mich. Wenn ich sitze oder wenn ich aufstehe, du weißt es. Du kennst alle meine Gedanken. Wenn ich gehe oder wenn ich ausruhe, du siehst es und bist mit allem, was ich tue, vertraut. Und du, Herr, weißt, was ich sagen möchte, noch bevor ich es ausspreche. Du bist vor mir und hinter mir und legst deine schützende Hand auf mich. Dieses Wissen ist zu wunderbar für mich, zu groß, als dass ich es begreifen könnte!« (Psalm 139,1-6).

Wir hatten diese Verse kennengelernt und auswendig gelernt, als wir noch jung waren, aber auf diesem Platz in der ersten Reihe und in diesem Moment benutzte Gott Peter, um uns so zu INspirieren wie bisher noch wenige Redner.

Eins musst du verstehen: dass wir für Gott nicht kompliziert oder geheimnisvoll sind. Er ist nie von unseren Handlungen oder Reaktionen überrascht. Er fragt sich nie, was wir wohl als Nächstes tun werden. Er weiß es und trotzdem legt er seine Hand auf uns. Es ist nicht eine starke Hand voller Bedingungen, sondern eine Hand der Liebe.

In Christus können wir wir selbst sein.

Wir waren INspiriert, nicht nur diese Wahrheit zu kennen und zu leben, sondern sie auch einer Generation zu verkünden, die verzweifelt nach dem richtigen Image sucht. Sicherheit existiert in Gott und er möchte unser Image sein.

Peter, wir danken dir für deine Leitung, deinen Rat, deine Organisation und Ermutigung. Am meisten danken wir dir dafür, dass du die Schätze aus Gottes Wort gehoben hast. Danke dafür, dass dein Staunen uns und so viele andere INspiriert hat. Danke, Win, für die Schönheit, die dich immer umgibt. Ohne dich und Peter wäre dieses Buch niemals geschrieben worden. Danke!

8. Ein Moment bei uns zu Hause

In unserem Haus der offenen Tür INteragieren, INteressieren und INvolvieren wir – aber wie findet INspiration unter unserem Dach statt? Jeder, der durch eine der Türen ins Haus kommt, verlässt es auch wieder. Wie kann unser Haus eine INspiration oder Start- und Landebahn für diejenigen sein, die kommen und gehen?

Eines unserer Ziele für alle unsere Teens, egal wie viel Zeit wir mit ihnen haben, ist, ihnen zu helfen, den nächsten Schritt im Leben zu tun. Sie sollen verstehen, dass wir sie lieb haben, dass ihre Reise jenseits unserer vier Wände uns wichtig ist und dass wir gern die Verbindung mit ihnen halten möchten.

Vor Kurzem tauchte Chris auf unserer Schwelle auf. Er war eine Weile draußen in der Kälte gewesen, nur mir leichter Kleidung und ohne Handschuhe. Seine Hände, Wangen, Ohren und Füße waren knallrot und taub von der extremen Kälte. Während er auftaute, konnten wir ihm trockene Kleidung geben, seine Habseligkeiten trocknen, zum Aufwärmen ein Feuer im Kamin machen, ihm ein warmes Frühstück mit heißer Schokolade zubereiten und ihn in eine Decke wickeln. Wir konnten uns über das Leben, die Zukunft und einen guten Film unterhalten, während er sich aufwärmte. Dieser INspirierende Moment dauerte nur ein paar Stunden. Wir werden nie erfahren, ob wir diesen jungen Mann auch darüber hinaus INspirieren konnten oder nicht.

Von Zeit zu Zeit kehren unsere Kellerbewohner zurück, um aus ihrem Leben zu erzählen, zu lachen oder von einer Entscheidung zu erzählen, die sie gerade treffen müssen. Einige erzählen davon, wie sie in unserem Haus der offenen Tür INspiriert wurden und nun selbst in Kunst, Tanz, Jugendarbeit und Kommunikation tätig sind. Einige unserer *ImagiNations*-Schüler erzählen, dass sie selbst in der Jugendarbeit tätig sind. Wir lieben die Geschichten, die davon erzählen, wie ein kurzer aber intensiver Kontakt zu INspiration dazu führte, dass Gottes Reich weiter wächst. Für andere beten wir, aber wir sehen sie nie wieder.

Alex, ein Freund aus Uruguay, der auch viele Stunden in unserem Haus der offenen Türen verbracht hat, hat uns vor einigen Wochen besucht. Er kam aus Deutschland und war auf dem Heimweg. Er dankte uns für die gemeinsame Zeit in unserem Haus und in der Welt. Er erzählte von seiner Leidenschaft, seinen Träumen, zeigte uns ein Bild von seiner zukünftigen Frau und dankte uns dafür, dass wir eine INspiration in seinem Leben waren. Er sagte, das sei etwas, das er nie vergessen werde.

Wir öffnen die Türen und unser Haus, um mit dem Leben, das wir führen, mit anderen zu INteragieren, sie zu INteressieren und zu INvolvieren. Wir tun das in der Hoffnung, dass sie eines Tages unser Haus verlassen und ein Leben hervorragender Beziehungen mit Gott und allen anderen leben, dass sie INspiriert sind, die richtigen Entscheidungen zu treffen, ein Leben in Liebe zu Jesus zu leben und Einfluss auf ihre Welt zu nehmen.

9. Ein kreativer Moment

Wir haben den Untertitel, »Die Kunst, unvergessliche Momente zu schaffen«[7] gewählt, um die praktische Anwendung von ConneXellence zu beschreiben. Der Grund dafür geht über alle Bücher und Workshops hinaus. Es geht über unsere Predigten und Meetings hinaus. Der Satz existiert, um uns an etwas sehr Wertvolles zu erinnern, das wir vergessen haben: die gewaltige Bedeutung eines »Moments«.

Erinnerst du dich an diese wichtigen Momente?

- Als Jesus gerade aus dem Wasser stieg [in diesem *Moment*], öffnete sich der Himmel, und er sah den Geist Gottes wie eine Taube herabschweben und sich auf ihm niederlassen (Matthäus 3,16).
- Als Simeon mit Maria und Josef sprach [in diesem *Moment*], ging sie [die Prophetin Hanna] vorbei und begann, Gott zu loben. Allen, die auf die verheißene Erlösung Israels warteten, erzählte sie von Jesus (Lukas 2,38).
- Da drehte Jesus sich um und sagte zu ihr: »Meine Tochter, hab keine Angst! Dein Glaube hat dich geheilt.« Und *im selben Augenblick* war die Frau wieder gesund (Matthäus 9,22).
- Jesus bedrohte den bösen Geist im Körper des Jungen, und der Geist fuhr aus ihm heraus. Im *selben Augenblick* war der Junge wieder gesund (Matthäus 17,18).
- Wieder leugnete Petrus, und *in diesem Augenblick* krähte ein Hahn (Johannes 18,27).

7 Der deutsche Untertitel »Momente gestalten. Leben weitergeben« drückt auf seine Weise etwas Ähnliches aus.

- In diesem Augenblick zerriss der Vorhang im Tempel von oben bis unten in zwei Teile (Matthäus 27,51).
- *Augenblicklich* stürzte auch sie zu Boden und starb. Als die jungen Männer hereinkamen und sahen, dass sie tot war, trugen sie sie hinaus und begruben sie neben ihrem Mann (Apostelgeschichte 5,10).
- Er kam zu mir, stellte sich neben mich und sagte: ›Bruder Saul, du sollst wieder sehen können!‹ Und *noch in derselben Stunde* konnte ich ihn sehen! (Apostelgeschichte 22,13).

Momente, unvergessliche Momente, haben im Laufe der Geschichte die Menschen miteinander und mit Gott verbunden. Und dennoch scheinen so viele Anhänger von Jesus heute kein INteresse mehr daran zu haben, Momente zu schaffen. Unser Leben ist zu geschäftig für Momente, weil wir unsere Minuten mit unwichtigen Dingen gefüllt haben. »Die Kunst, unvergessliche Momente zu schaffen« ist heute oft ein verloren gegangenes Kunstwerk wie die Arche Noah oder die Bundeslade. Wir haben einfach vergessen, wo wir sie gelassen haben.

Unsere Momente müssen wieder eingefangen und mit Leben gefüllt werden, mit Leben von Jesus. In der Bibel geschieht kaum ein Moment ohne die unsichtbare Partnerschaft des Heiligen Geistes. Er ist derjenige, der leitet (Johannes 16,13), überführt (Johannes 16,8), lehrt (Lukas 12,12), berät (Johannes 14,26) und Freude gibt (Lukas 10,21). Er ist derjenige, der mit Menschen zusammenarbeitet, um unvergessliche Momente zu schaffen. Der Heilige Geist war zugegen von Jesu Empfängnis bis zu seiner Himmelfahrt und von Pfingsten bis zu den Zukunftsplänen seiner Kirche. Für die Anhänger von Jesus ist das »Schaffen von Momenten« immer Teamarbeit.

Möge dies unser Gebet sein:

Vater unser im Himmel
Geheiligt sei dein Name in jedem Moment
Dein Reich komme in meine Momente hinein
Dein Wille geschehe in meinen Momenten
Fülle meine Erde wieder mit deinen Momenten

Gib mir einen Blick für die verpassten Momente
Vergib mir, dass ich nur die Zeit der Menschen in Anspruch nehme
Führe mich in die Schöpfung des Unvergesslichen
Erlöse mich davon, zu beschäftigt zu sein für Momente
Wie auch du nie zu beschäftigt bist für mich
Denn dein ist das Reich und die Kraft
und die Herrlichkeit für jeden Moment,
den wir gemeinsam schaffen
Amen!

10. *Leben für den Moment*-Café: Ein Zeitfenster – die Gelegenheit nutzen

Es ist ein wunderschöner Samstagmorgen. Ich sitze in meinem Lieblings-Café mit einer heißen Schokolade mit Pfefferminzgeschmack. Ich trinke langsam, sitze an einem Tisch neben der Nordwand. Ein guter Freund leistet mir Gesellschaft, trinkt auch langsam, wir sitzen und starren aus dem Fenster. Von meinem Platz aus kann ich gut durch zwei der vier Panoramafenster am Eingang nach draußen sehen. Es ist ein wunderschöner Tag und die Straßen wimmeln nur so von Spaziergängern, Joggern, Hundebesitzern, Fahrrad- und Autofahrern, die keine Eile haben. Wir geben Kommentare ab über die, die auf unseren großen »Lebensbildschirmen« auftauchen und verschwinden. Einige der vorbeiziehenden Bilder sind leicht für uns beide zu erkennen. Das kleine Mädchen mit dem großen Hund kann man nur von meinem Platz aus sehen. Der Zeitungsverkäufer hinter dem dritten Fenster ist vor mir verborgen, aber mein Freund hält mich auf dem Laufenden über die verschiedenen Kunden und das Chaos um den überdachten Zeitungsstand herum. Ein großes Banner verdeckt das vierte Fenster und nur Gott weiß, was davor los ist.

Von unseren Plätzen im alltäglichen Leben aus können wir auch nicht alles sehen. Die Hälfte unserer Beziehungsfenster ist auch immer verdeckt. Irgendjemand verdeckt immer den Zeitungsstand und nur Gott weiß, was sich hinter den Bannern verbirgt. Aber wir haben das Privileg, die kleinen Mädchen und großen Hunde zu sehen und denen, die hinter uns sitzen und einige Teile ihres Lebens nicht sehen können, von ihnen zu erzählen.

Das Johari-Fenster

Vor einigen Jahren haben Joseph Luft und Harry Ingham diese großen Lebensbildschirme »Johari-Fenster« getauft. Was für eine großartige Verknüpfung von Joe und Harry! Es ist ein nützliches Hilfsmittel, um den Vorgang von INspiration zu beschreiben.

Stell dir vor, du sitzt mit jemandem an deinem eigenen Tisch und eure Beziehung ist hervorragend. Du siehst durch die großen Fenster in sein Leben. Ein »*offenes*« Fenster zeigt seine »normalen« Merkmale Haar, Haut, Geschlecht und Kleidung, das offensichtliche Schaufenster in ihrem Leben. Jeder kann durch dieses Fenster sehen. Das nächste Fenster kann ich ganz deutlich sehen, aber sonst niemand. Dieses »*blinde*« Fenster zeigt unentdeckte Talente und ungenutztes Potenzial. Dies ist das INspirations-Fenster und es wartet darauf, geöffnet zu werden. Das dritte »*verdeckte*« Fenster ist die verborgene Ansicht. Der Besitzer des Fensters bewahrt die persönlichen, heimlichen, peinlichen und ungeöffneten Teile des Lebens hinter diesem verdeckten Fenster auf. Öffne es nicht gewaltsam, sondern lass durch die hervorragende Beziehung Vertrauen wachsen. Vielleicht tritt dein Gegenüber zur Seite und lässt dich den guten und schlechten Zeitungsstand sehen. Mach dir keine Gedanken um das vierte »*unbekannte*« Fenster. Es sagt zukünftige Ereignisse voraus. Gott hat das Unbekannte in der Hand. Er wird die notwendigen Ereignisse, Träume und Freundschaften an den anderen Fenstern vorbeiziehen lassen, wenn es an der Zeit ist.

Unten sind die vier Fenster: offen, verdeckt, blind und unbekannt. Du kannst die Verbindungen zwischen dem Selbst und den anderen sehen.

	Sich selbst bekannt	**Sich selbst unbekannt**
Anderen bekannt	OFFEN	BLIND
Anderen unbekannt	VERDECKT	UNBEKANNT

Das Fenster, das die wichtigste Rolle für die INspiration der nächsten Generation spielt, ist die »blinde« Scheibe. Das ist der große Lebensbildschirm, welcher zwar nicht der Person selbst, aber allen anderen bekannt ist. Wenn wir in das Leben anderer investieren, lernen wir sie kennen. Die Vorzüge und Charakterzüge einer Person, die uns ganz offensichtlich erscheinen, sind ihnen oft verborgen. Wenn wir uns die Zeit nehmen, das »blinde« Fenster öffnen und ihnen ihre Stärken zeigen, wie ihre Persönlichkeit zu einer bestimmten Situation passt und wo sie ihre Talente einsetzen könnten, zeigen wir ihnen unsere Erfahrung mit ihnen und unseren Glauben an sie. Wir öffnen das Fenster der Möglichkeiten und INspirieren. Dann können sie durch das dunkle Fenster persönlicher Erfahrung und Hoffnung sehen.

Danke Alvin, dass du uns mit Joe, Harry und ihrem Fenster vor vielen Jahren bekannt gemacht hast. Es hat uns dabei geholfen, anderen zu helfen, in sich selbst hineinzusehen und andere zu INspirieren.

Beim INspirieren sollten wir aber nicht anfangen zu transpirieren. Zu viel zu schnell führt dazu, dass wir aufgeben. Es ist hilfreich für uns, den INspirierenden Moment in kleinere Schritte aufzuteilen, in »Babyschritte« oder »Kaffeeproben«. Nur ein kleiner Schritt oder Schluck am Anfang.

Wenn Babys laufen lernen, beginnen sie mit ein oder zwei Schritten auf einmal. Wenn sie diese ersten Schritte beherrschen, können sie immer weiter durch den Raum gehen, bis sie schließlich frei und ganz alleine laufen können. Ein »Babyschritt« ist der allererste Schritt, der nötig ist, wenn dein Gespräch einen Lebensstil INspirieren soll.

Wenn du möchtest, dass jemand für immer aufhört zu sündigen, solltest du ihn am besten bitten, es erst einmal mit 5 Minuten zu versuchen. Der erfolgreiche Babyschritt könnte zu einem ganzen Tag oder einer längeren Zeit ohne Sünde führen.

Lebensveränderungen benötigen oft Jahre, aber Babyschritte dauern nur Momente.

Während wir unsere Getränkemischungen austranken, zeigte mein Freund mit der leeren Tasse in der Hand durch das Fenster auf einen Fünf- oder Sechsjährigen und ließ mich mit den folgenden Worten zurück: »Als ich noch ein Kind war, gab mir meine Mutter zum ersten Mal eine warme Tasse – darin waren 90 Prozent Milch und 10 Prozent

Kaffee. Über die Jahre änderten sich die Anteile. Jetzt liebe ich diese Mischung.« Wir lachten und ließen diesen Moment hinter uns.

11. Ein Moment Pause: Was sagt diese Generation?

Bitte hör auf die Argumente dieser Generation und ihre Bitte um Leben. Es ist ihnen nicht weniger wichtig – es ist ihnen sehr wichtig. Ihnen ist fast alles wichtig. Sie bitten dich, sie zu INspirieren und dann die Zügel ein wenig locker zu lassen. Sie wollen *ein* Leben leben, ohne sich zerteilen zu müssen, mit viel Hoffnung, hohen aber erreichbaren Herausforderungen, wo Fragen willkommen sind und der Glaube an sie aus mehr als nur Worten besteht.

Hör einmal zu, was diese Generation sagt.

Zerrissenheit
Manchmal trenne ich das, was ich weiß, von dem, was ich tue. Ich sehne mich nach bestimmten Dingen oder treffe am Sonntag oder im Jugendkreis bestimmte Entscheidungen, lebe dann aber mein Leben während der Woche anders. Vielleicht zeigst du deswegen mit dem Finger auf mich, aber wonach ich mich sehne, ist nicht immer das, was mich INspiriert. Das Leben täglich zu leben bedeutet, Hunderte von Entscheidungen zu treffen. Bitte hilf mir, das, was ich tun möchte, mit dem, was ich normalerweise tue, zu verbinden.

Hoffnung
Es fällt mir schwer, an der Hoffnung festzuhalten. Ich brauche eine Richtung, in die ich gehen kann. Ich brauche etwas, an das ich glauben kann. Ich brauche Beispiele von anderen, die mir zeigen, wie ich die Hoffnung erfahren kann. Du hinterfragst mein Leben, also hilf mir jetzt auch, eine Verbindung zur Hoffnung zu knüpfen. Mein Leben ist wie eine Achterbahn, hoch und runter, sehr verwirrend. Wo ist die Hoffnung?

Unterfordert
Ich möchte wichtig sein, nicht nur in meiner Stadt und meiner direkten Umgebung, sondern auch in meiner Welt. Wie kann ich das errei-

chen? Kann ich etwas tun, das in meiner Welt dauerhaft etwas verändert? Sag mir, was nötig ist, was mein Beitrag ist und wie ich mich INvolvieren lassen kann. Hilf mir, den nächsten Schritt zu tun, der mein Leben in Bewegung setzt. Aber mute mir nicht zu viel zu. Ich weiß nicht, wie viel ich bewältigen kann. Zeig mit bitte die verschiedenen Möglichkeiten, aber dränge mich nicht. Ach ja, und gib mir bitte auch die Freiheit zu versagen.

Fragen

Wer bin ich? Das ist eine der Fragen, auf die meine Freunde und Freundinnen und ich unbedingt eine Antwort haben möchten. Was soll ich mit meinem Leben anfangen? Welche Richtung ist die richtige für mich? Was soll ich studieren? Was liebe ich jetzt, das ich auch in einigen Jahren noch lieben werde? Wer bin ich wirklich? Hilf mir, die richtigen Fragen zu finden, und INspiriere mich, die Antworten, die ich auf dem Weg finde, zu leben.

Glaub an mich

Bist du bereit, mir zu vertrauen – ganz und gar? Glaubst du an mich? Ja oder nein? Ich bin mir nicht sicher, ob überhaupt irgendjemand, den ich kenne, an mich glaubt. Wenn du an mich glaubst, kannst du es laut sagen? Kann jemand sagen: »Ich glaube an dich«, und es tatsächlich ernst meinen? Man sagt: »Aus großer Macht folgt große Verantwortung.« Ich will die Verantwortung für mein eigenes Handeln übernehmen und alles tun, was ich kann, um etwas zu bewirken. Bist du bereit, mir die Macht zu geben, mein Leben zu leben? Könntest du mir zeigen, dass du wirklich an mich glaubst, und mir die Gelegenheit geben, Verantwortung zu übernehmen? Das würde mir wirklich sehr helfen.

12. Nur einen Moment Zeit? – Abkürzung INspirieren

Endlich INspiration! INspiration ist der Moment, in dem Erfahrung und Leben sich miteinander verbinden. Die Welt ist voller Leute, die wissen, was richtig ist. Aber nur sehr wenige lassen ihr tägliches Leben davon beeinflussen. Nur wenige geben ihrem Glauben Füße und Hände. Wenige erlauben Gott, ihr Leben anzutreiben. INspiration ist der Moment, in dem »ich sollte« zu »ich kann« wird. Es ist der Moment, in dem Informationen und Glauben zur Sehnsucht werden und sie sagt: »Ich will ...«

Unsere Aufgabe als Boten der Guten Nachricht ist es, Leute bis an den Punkt zu führen und herauszufordern, an dem INspiration beginnt. Dann haben sie die Wahl, ihre derzeitigen Erfahrungen mit ihrem Leben zu verknüpfen. Wir können das nie für sie tun. Sie können einen neuen Weg akzeptieren oder sie können fliehen oder die Veränderung hinausschieben. Die Entscheidung liegt immer auf ihrer Seite.

Während du diese letzte Abkürzung gehst, nimm dir unterwegs Zeit und erkunde die Fragen in diesem Abschnitt. Dann investiere INspirierende Momente in das Leben der jungen Leute, zu denen du eine Beziehung hast.

INspirieren – Wer? Es wäre super, wenn die Antwort auf diese Frage »jeder« wäre, aber das ist nicht möglich. INspiriere nur »jeden«, der mit dir auf der ConneXellence-Reise ist. Es können eine Person sein oder mehrere. Plane nicht für weniger als eine, denn das ist keiner.

INspirieren – Wo? Wo bist du gewesen? Wo bist du und wo in aller Welt gehst du hin? Genau dort kann INspiration stattfinden. INspiration kann im Himmel stattfinden, auf dem Meer oder Land, in der Schule oder auf dem Feld. Sie kann geplant, geübt oder improvisiert sein, geradeheraus, in der Menge oder gar nicht stattfinden. INspiration wartet überall.

INspiration – Was? INspiration ist ein Moment, der Leute aufweckt. Sie setzt Sehnsucht frei und sagt: »Ich glaube an dich!« INspiration ist eine persönliche Reaktion auf eine Krise, Entscheidungsmöglichkeit oder ein Bedürfnis, mit dem man konfrontiert ist. Sie ist das Gegenteil von Manipulation, denn INspiration erkennt die Entscheidungsfreiheit an. Es ist eine Partnerschaft zwischen Gott und der Menschheit, um Menschen zu persönlichem Wachstum zu verhelfen und Veränderungen anzuregen. INspiration bewegt Menschen über die Angst hinaus in Richtung Erfolg.

INspiration – Warum? INspiration ist heute nötig, weil die Welt voller Aufregung ist, aber fast ohne Verpflichtungen. INspiration bietet jungen Leuten einen Weg, eine bestimmte Richtung, auf die sie sich festlegen und wo sie Erfolg und Sinn finden können. Der Weg, den INspirierte Menschen gehen, ist voller schwieriger Entscheidungen, aber er bildet den Charakter und bietet Hoffnung.

INspiration – Wie? INspiration ist keine Handlung wie INteraktion, INteresse wecken oder INvolviertsein. Manche würden sagen, man *kann* gar nicht INspirieren. INspiration ist eine Entscheidung. Um in Richtung INspiration zu steuern, musst du die Frage stellen, den Moment herausfordern, die Geschichte erzählen, etwas wichtig nehmen, glauben und dem anderen die Entscheidung überlassen. Es ist schwierig, das »Wie« zu beschreiben, weil INspiration eine Partnerschaft zwischen dir, Gott und den anderen ist. Sie schließt vergangene, derzeitige und zukünftige Erfolge und Fehlschläge mit ein. INspiration geschieht, wenn die Sehnsucht einer Person größer wird als ihre Angst. Dann entfernt sie sich von dem, was sie sein oder tun sollte, und steuert in Richtung dessen, was sie tun und sein kann und will. So findet INspiration statt.

INspiration – Wann? Wenn du dir Zeit nimmst zu INteragieren, INteressieren und INvolvieren, dann haben andere die Gelegenheit, sich dafür zu entscheiden, sich INspirieren zu lassen.

13. Das Duzie-Museum der Kunstmomente präsentiert: 25 kreative Wege zu INspirieren

Unten sind 25 kreative Arten aufgelistet, die wir benutzt haben, um INspiration in anderen wachsen zu lassen. Es gibt keine magischen Worte, die INspirierende Momente hervorrufen; aber die Zeit, die in vorausgegangene Kontakte investiert wird, führt oft zu INspiration. Freu dich, wenn deine Zuhörer sich öffnen und sich durch INspiration das Thema zu eigen machen.

1. *Erzähl eine Geschichte* – Eine gute Geschichte spendet Leben. Eine mündliche oder schriftliche Geschichte kann eine Zeitmaschine sein, die andere von Ort zu Ort transportiert, wo sie Ereignisse, die vor Jahrhunderten geschehen sind, sehen,

hören, berühren, schmecken und riechen können. Eine Geschichte gibt dem Zuhörer die Möglichkeit, an mehreren Orten gleichzeitig zu sein. Eine Geschichte kann einer Person eine schlechte Erfahrung oder eine schlechte Entscheidung »leihen«, sodass sie die Lektion nicht selbst durchmachen müssen. Eine Geschichte kann die Folgen einer noch nicht getroffenen Entscheidung zeigen. Die Fähigkeiten eines Geschichtenerzählers wachsen auf den Feldern von gemeinsamen Erfahrungen.

2. *Präsentiere ein Bedürfnis* – Die Welt nah und fern ist voller Bedürfnisse. Wir brauchen fairen Handel in einer Welt, in der die Arbeiter oft zugunsten eines größeren Profits misshandelt werden. Es besteht ein Bedarf an besserer Gesundheitserziehung für Länder, wo Menschen täglich sterben, weil sie nicht wissen, wie wichtig Hygiene ist. Die Welt braucht sauberes Wasser, sauberes Blut, angemessene Unterkünfte, Eltern, die sich kümmern, Altersversorgung und Mitgefühl für Kinder. Es gibt Bedürfnisse in unseren Familien, bei Freunden, in Kirchen, in Städten und in der Welt. Präsentiere sie! Das kann der Funke sein, den jemand braucht, um alles zurückzulassen und Jesus zu folgen.
3. *Erkläre die Folgen für die Zukunft* – Diese/deine Generation, wie andere vor ihr, kann nicht besonders gut in die Zukunft sehen. Oft wiederholt eine Generation die Fehler ihrer Eltern und Lehrer. Sie zu INspirieren bedeutet, ihnen zu helfen zu sehen, was »Entscheidungen« plus »Zeit« ergeben. Du bist vielleicht nicht gerade ein Prophet, aber viele Folgen sind schon jetzt zu erkennen. Wir als Kommunikatoren müssen die sprichwörtliche »Schrift an der Wand« nur übersetzen. Dazu müssen wir den Zuhörern und denen, die den Weg bereits gegangen sind, viele Fragen stellen.
4. *Zeig ein Video* – Das wird oft gebraucht und missbraucht, um alles Mögliche zu tun (zum Beispiel, um sich die Zeit zu vertreiben). Aber eine visuelle Geschichte, ein Bericht in Bildern oder ein ganzer Spielfilm kann Menschen aus ihrer »Kuschelecke« herausbewegen und in ein sinnvolles Leben führen.

5. *Lies eine Erfolgsgeschichte* – Seit unserer Kindheit wurden uns Geschichten, charakterstarke Geschichten, mit einer klaren Aussage vorgelesen, und haben in uns den Wunsch nach mehr geweckt. INspiration ruft uns immer auf zu mehr als dem, was gerade geschieht. Lies Erfolgsgeschichten. Schreibe sie auf oder hefte sie ab und benutze sie, um andere zu INspirieren. Es wird oft gesagt: »Das Leben ist nicht immer erfolgreich. Wir brauchen einen Ausgleich.« Wir sagen: Schau dich um, schau deine Welt und das Leben an, dem die jungen Leute jeden Tag ausgesetzt sind. Dreht sich da nicht alles um Erfolg? Wir sind Leute, die gute Nachrichten haben, nicht gewöhnliche oder schlechte Nachrichten. Lasst uns die positive Seite sehen und anderen helfen zu begreifen, dass das Licht am Ende des Tunnels nicht ein entgegenkommender Zug ist, sondern Leben, neues Leben.
6. *Zeig Menschen, dass du an sie glaubst* – Wir sagen oft: »Wenn du sehen willst, wie Leute ihr Potenzial ausschöpfen, dann glaube an sie und zeig es ihnen auch.« Das stimmt auch. Wir haben viele junge Leute und Erwachsene erlebt, die mehr erreichten, es weiter brachten und erfolgreich waren, weil wir an sie glaubten, als sie nicht an sich glaubten. Also frag andere nicht nur, ob sie sich ändern wollen, sondern sage ihnen, dass du glaubst, dass sie das können.
7. *Sag ein Versprechen aus der Bibel weiter* – Die Bibel ist voller Versprechen. Einige gelten ausschließlich für eine bestimmte Zeit, bestimmte Menschen und Orte, aber viele gelten für alle, die sich danach richten. Es hat eine große Wirkung, wenn andere wissen, dass wir an sie glauben; und mindestens genauso INspirierend ist es zu wissen, dass Gott ihnen etwas zutraut. Gott hat gute Dinge für die Menschen vor, die ihm folgen. Wir sollten uns Zeit nehmen, anderen diese Versprechen weiterzusagen.
8. *Erzähle vom falschen Weg* – Jeder Weg führt in zwei Richtungen, die richtige und die falsche. Wenn wir nur vom richtigen Weg sprechen, gehen wir oft an den Fragen, Schwierigkeiten und Geschichten derer vorbei, die nicht den richtigen Weg

gewählt haben. Das, was wir über den falschen Weg sagen, kann von eigenen Erfahrungen stammen oder von den Erfahrungen anderer.

9. *Gib anderen die Möglichkeit zur Entscheidung* – Das geschieht normalerweise kurz bevor jemand INspiriert wird. Jemand oder etwas hat diesen Menschen in eine Entscheidungssituation geführt. Viele Leute sagen, dass die größte Schwierigkeit für diese Generation die Tatsache ist, dass sie unterfordert ist. Wir sollten ihnen die Wahlmöglichkeit lassen. Sich nicht zu entscheiden, darf keine Option sein. Wir müssen ihnen die endgültige Wahl überlassen. Wir können nicht die Entscheidungen für andere treffen, genauso wenig, wie sie Entscheidungen für uns treffen können. INspiriere andere dazu, weise Entscheidungen zu treffen.
10. *Erzähle von einer Antwort auf ein Gebet* – Wie oft fragen wir andere nach ihren Gebetsanliegen? Ein mutiges Publikum wird dir mehrere nennen. Jetzt denk einmal darüber nach, wie oft wir nach bereits erhörten Gebetsanliegen fragen? Gibt es so etwas? Erhörte Gebete sind INspirierend, um es einmal mild auszudrücken. Wenn du über das Leben redest, dann nimm dir Zeit, um von dem Gott zu sprechen, der deine Hilferufe hört und antwortet. Und um einen verbreiteten Irrtum richtig zu stellen: Er sagt öfter »Ja« als »Nein« zu den Menschen, die ihm folgen.
11. *Sprich über ein Wunder, das du erlebt hast* – Wunder geschehen jeden Tag irgendwo. Ein Wunder kann die Geburt eines Babys sein, ein Unfall mit nur wenigen Verletzten oder der Sieg deines Teams. Wir dienen einem Gott, der immer noch auf geheimnisvolle Weise wirkt. Wir haben oft gesehen, wie Gott heilt, vergibt, wiederherstellt, beginnt, beendet, vollendet und rettet. Es tut uns leid, dass wir euch nichts davon erzählt haben. Wunder lassen Menschen in ihrem Vertrauen, Glauben und ihrer Dankbarkeit wachsen.
12. *Erzähl von der Vergebung der Vergangenheit* – Ebenso wie ein Wunder ist die Vergebung von Gott oder anderen Menschen etwas Erstaunliches. Wir sprechen über Sünde, Beziehungen und sogar Vergebung. Aber halten wir jemals inne und spre-

chen über die innere Zufriedenheit und Vollständigkeit, wenn uns vergeben wurde? Wenn wir gegen Gott und Menschen sündigen, egal wie oft oder selten, müssten wir viele Geschichten haben, die von Vergebung handeln. Sie zu erzählen ist INspirierend und öffnet die Türen für andere, ihre Geschichten ebenfalls zu erzählen.

13. *Bete mit anderen* – Nur allzu oft benutzen wir das Gebet als Wunschliste, Tischgebet, kurzfristige Fehlerliste an Gott oder um alle in einem Raum vor einem Meeting zur Ruhe zu bekommen. Aber Gebet ist von Jesus ermöglichte Kommunikation durch den Heiligen Geist direkt mit dem Vater und König von allem. Gebet ist eine Tätigkeit, bei der die Dreieinigkeit sich vereinigt, um bei dir zu sein – bei uns zu sein. Es ist ein Privileg, für andere Menschen zu beten. Die Dreieinigkeit und du werdet INspirierende Türen von Glauben, Hoffnung und Liebe öffnen. Verpass diese Gelegenheiten nicht.
14. *Schaffe eine hoffnungsvolle Situation* – Stell dir vor, du stehst vor deinen sechzehn Teenagern. Jeden Sonntagabend treffen sie sich, um zu spielen, Gemeinschaft zu erleben und dir zuzuhören. Es hat sich nicht viel verändert in dieser Woche, diesem Monat, diesem Jahr. Plötzlich fragt ihr euch alle, ob es das nun gewesen sein soll. Lade einen Gastredner ein, der seine Geschichte erzählt und davon, wie er wieder Hoffnung bekam. Oder geh mit ihnen zu einem Obdachlosenheim oder auf einen Missionseinsatz, damit sie Menschen sehen, die viel weniger haben, aber voller Hoffnung sind. Das wird eine Veränderung bewirken.
15. *Sing ein INspirierendes Lied* – O. k, vielleicht kannst du nicht so gut singen, aber dafür hat Gott CDs erfunden. Sing ein Lied oder höre eins an, irgendein Lied, das INspiriert. Es gibt viele Lieder zu fast jedem Thema, das du vermitteln möchtest. Wenn du keins finden kannst, frag deine jungen Leute. Die wissen, wo du Lieder finden kannst. Es könnte ein Folk-Song sein, in dem eine Lebensgeschichte erzählt wird. Es könnte ein Refrain sein, in dem alle eine gemeinsame Erklärung singen. Wichtig ist, dass das Lied Herzen INspirieren kann.

16. *Zeige anderen ein Leben, das sie leben können* – Dein Leben zu leben ist die INspirierendste Aufgabe deines Lebens, unabhängig von dem, was du vermitteln willst. Du sagst nicht: »Hey, schaut euch mein Leben an«, sondern du lebst so in einer solchen Nähe zu ihnen, dass sie jeden Tag die Wahrheit oder die Lüge dessen, was du lehrst, an deinem Leben ablesen können. Die Nähe von glaubwürdigen Menschen INspiriert. Wir glauben, dass das der Grund ist, warum Jesus gesagt hat: »Komm, folge mir.«
17. *Zeige anderen ihre Stärken* – Was schmerzt mehr, von deinen Stärken oder deinem Versagen zu hören? Was ist wirksamer? Für manche Menschen ist beides schwer. Viele kämpfen mit ihrem Selbstwertgefühl. Wenn wir als Referenten Potenzial in einem Einzelnen, einem Team oder einer großen Gruppe sehen, müssen wir sie darauf aufmerksam machen. Es ist vielleicht für uns offensichtlich, aber es kann ihnen selbst verborgen sein. Vielleicht müssen sie an ihre Stärken auf bestimmten Gebieten erinnert werden. Kommentare über unsere Stärken INspirieren uns oft dazu, stark zu sein.
18. *Ermutige zum Handeln* – Viele Informationen bleiben heutzutage zwischen den Ohren und dem Gehirn stecken. Wenig von dem, was in der Schule oder in der Kirche vermittelt wird, »bekommt Füße«. Wie sehen die ersten praktischen Anwendungen aus, um das zu leben, was wir gerade erfahren haben? Gibt es Raum für Teamarbeit und gegenseitige Rechenschaft? INspiration hat zwei Beine und wir müssen sie in Bewegung bringen.
19. *Schau Nachrichten und frage: »Wer kann etwas bewirken?«* – Jedes Problem hat eine Lösung und jede Lösung hat ein Problem. Wenn wir über unsere Familie, Freunde, Kirche, Gemeinschaft und Welt sprechen, von wem erwarten wir dann die Lösung? Ist die Lösung eine Regierung, der nur wenige trauen, ein Bildungssystem, das in dem Erfüllen von Auflagen feststeckt, oder eine Kirche, die oft von der gefallenen Welt Abstand hält? Wir glauben, dass diese Generation nach etwas sucht, das sie tun kann. Zeige anderen, was sie kurz- und langfristig bewirken können.

20. *Teile mit anderen die kleinen Erfolge* – Feiert Erfolg! Wenn andere etwas geschafft haben, feiert es. Wenn sie in die Sportmannschaft aufgenommen wurden, feiert es. Wenn sie eine Auszeichnung erhalten haben, feiert es. Das Leben ist ein manchmal langer und manchmal kurzer Weg. Übersehtnicht die Erfolge.
21. *Lass andere ein Gedicht schreiben* – Diese Generation entdeckt Gedichte wieder. Sie heißen vielleicht Lyrik, Blogs oder Rap, aber sie sind lebendig. Diese Generation muss schreiben und du kannst ihnen die Lizenz zum Dichten erteilen. Hilf ihnen dabei, ein Thema, ein Gefühl oder eine Schwierigkeit in Worte zu fassen. Sie müssen nicht reimen, nur schreiben, weil das ihr Leben aufs Papier bringt und ihnen hilft, ihre Gedanken und Handlungen zu bestätigen und klären. Manchmal ist es besser, wenn solche Gedichte vertraulich behandelt werden, aber manchmal ist es auch gut, wenn sie anderen vorgetragen werden. So kann der Betreffende sein Leben besser zum Ausdruck bringen.
22. *Befreie den inneren Künstler* – Kunst spricht! Schau dir nur das Internet, CD-Hüllen, Filmposter oder Discowände an. Gib den Jugendlichen eine Leinwand oder einen Block zum Schnitzen. Das ist keine Zeitverschwendung. Die meisten Bildungssysteme heutzutage fördern Kunst nicht mehr. Aber wir können eine sehr INspirierende Tür öffnen, dieselbe, die von da Vinci, Dali, van Gogh und Gott persönlich benutzt wurde. Kreativität lebt und wir müssen sie freisetzen, denn ohne diese INspiration bleiben die Rahmen und Leinwände der Zukunft leer.
23. *Diene einer anderen Person* – Diese Generation muss Opfer bringen. Lasse sie dienen. Sie können streichen, sauber machen, sortieren, schneiden, mähen, stapeln, packen und ihre Hände und Füße schmutzig machen. Jesus hat allen gedient. Wir können dieses Verhalten auch in dieser Generation INspirieren. Willig zu dienen bedeutet, in die Fußstapfen derer zu treten, die wir für wertvoll halten. Diese Art von Opfer kann zu einem Leben voller Liebe zu anderen Menschen INspirieren.
24. *Gib den jungen Leuten Zeit, anderen zuzuhören* – Altersheime sind voller alter Menschen. Nur sehr selten gehen andere Leu-

te, besonders junge Leute, dorthin und machen etwas anderes außer Weihnachtslieder zu singen oder den einen oder anderen Kuchen abzuliefern.
Zu unserer Botschaft gehört nicht nur die Liebe, sondern auch das Zuhören. Die älteren Leute haben viele Kriege und Todesfälle miterlebt. Sie haben lange vergessene Taten vollbracht und viele ungenutzte Fertigkeiten erlernt. Es ist an der Zeit, ihnen zuzuhören. Niemand bleibt unberührt, wenn er sich die Zeit zum Zuhören nimmt.

25. *INspiriere!* – Während des Schreibens haben wir erkannt, dass das Leben in seinen vielen Dimensionen INspirierend ist. Jetzt ist es an dir, die 25. Möglichkeit auszuwählen, wie du deine jungen Leute INspirieren möchtest. Es ist gar nicht so schwer. Höchstwahrscheinlich machst du es bereits. Unser Rat ist: »Mach weiter so und INspiriere diese Generation!«

14. Dein unvergesslicher Moment

Jetzt ist es an der Zeit, loszulassen und INspiration geschehen zu lassen.

1. Gibt es irgendetwas in Bezug auf den bevorstehenden INpirierenden Moment, das du aus deinem Leben mitteilen kannst? Könnten deine Angst, dein Versagen, dein Glauben und deine Freiheit den anderen auf seinem Weg bestätigen? Möchtest du den anderen eine Frage über den vor ihnen liegenden Weg stellen, bevor sie ihre Entscheidungen treffen?
2. Hast du dir Zeit genommen, dir ihre Sorgen anzuhören?
3. Ist die Herausforderung klar?
4. Wirst du für die anderen da sein, egal ob sie sich ändern oder nicht?
5. Hast du für die Menschen gebetet, die jetzt weniger auf dich und mehr auf Gottes Geist hören?
6. Wie viel Zeit bist du bereit, ihnen zu geben, um diese wichtige Entscheidung zu treffen?
7. Wie können sie dir ihre Entscheidung mitteilen?

15. Ein Duzie-Moment

Endlich sind wir am Ende unserer vier separaten Wege, INteragieren, INteressieren, INvolvieren und zuletzt INspirieren, angelangt. Diese Wege sind verschieden und doch miteinander verbunden. Während dieser Reise hast du dich vielleicht oft am Anfang des Weges wiedergefunden oder auf mehren Wegen gleichzeitig. Das ist kein Problem. Du hast dich nicht verlaufen. Du umkreist nur eine Generation und lässt ConneXellence entstehen. Sieh dich unter denen um, zu denen du eine Beziehung hast. Sie sollten so aussehen wie die Fische, die wachgeküsst wurden. Deine Zuhörer sollten begeistert sein von der Möglichkeit der INspiration.

Eine der größten Freuden in unserem Leben ist, dass wir die Eltern von Joshua Stand Strong Potter und Josiah Create Hope Potter sein dürfen. Ja, das sind ihre richtigen Namen.

Joshua bedeutet »Jahwe (oder Jesus) rettet«. Weil wir in unserem Leben Errettung erfahren haben, haben wir einen Grund und eine Vision, fest in Jesus verwurzelt zu sein. Die Welt, in der wir leben, ist sehr durcheinander und unbeständig. Unser tägliches Gebet für Joshua ist, das er in dieser sich ständig ändernden Welt fest stehen kann (»Stand Strong«).

Josiah bedeutet »Jahwe (oder Jesus) unterstützt.« Weil auch jeder Moment, den wir leben, von Gottes Geist gehalten und angetrieben ist, können wir mehr als nur fest stehen. Wir können ein Licht sein, eine INspirierende Kraft im Leben anderer Menschen, die von einer finsteren und einer dunklen Welt umgeben sind. Daher ist unser Wunsch und tägliches Gebet für Josiah, dass er Hoffnung in dieser Welt schaffen wird (»Create Hope«).

Diese zwei haben ihr Leben an unserer Seite verbracht, in Flugzeugen, Zügen, auf Schiffen, in Bussen und in Autos. Sie haben in Betten geschlafen und in Kisten, auf Fußböden und unter Federn. Sie sind mit uns mehrere Male um die Welt gereist. In Krankheit und Gesundheit haben wir gemeinsam geredet, gesungen, sind aufgetreten und haben Verbindungen geknüpft. Sie haben ConneXellence unter verschiedenen Hautfarben, Sprachen, Altersgruppen, Einkommensverhältnissen und Fähigkeiten gelebt.

Wir INteragieren ständig. Ob gemeinsam oder getrennt, wir alle offenbaren uns täglich anderen, wenn wir unsere INteressanten Geschichten zeigen und erzählen. Wir sind INvolviert mit ihrer Welt und ihren Freunden. Wir haben gemeinsame Leidenschaften in den Bereichen von Musik, Fotografie, Kunst und Unterhaltung. Wir haben hervorragende Beziehungen.

INspiration in unsere Familie geht in zwei Richtungen. Wir streben täglich danach, ein besonderes Gefühl ineinander anzuregen. Wir tun das in der Hoffnung, dass daraus größere Anstrengungen oder größerer Enthusiasmus in Bezug auf Gott, einander und alle anderen entstehen. Infolgedessen erweitern sich Fähigkeiten, entstehen Freundschaften, wachsen Verständnis und Wertschätzung, und wir tragen die Entscheidungen eines jeden Tages miteinander.

Als Eltern und Referenten bemühen wir uns oft, unsere Kinder und Zuhörer zu INspirieren, aber wir haben entdeckt, dass die INspiration auch wieder bei uns ankommt. Joshua und Josiah INspirieren uns durch ihr Leben, Lachen und Lernen und indem sie uns dazu anleiten, dasselbe zu tun.

Unser Verstand ist dazu geschaffen, um sich zu erinnern, zu fragen, nachzudenken und Entscheidungen zu treffen. Unser Körper kann lachen, weinen, stehen und fallen. Unsere Seele wächst durch unsere Wünschen, Verluste und Hoffnungen. INspiration macht uns aufmerksam auf die wichtigen Dinge in unserem Leben: Familie, Freunde, Kirche, unsere Gemeinschaft und unsere Welt. Nichts bewegt uns mehr und bringt uns größere Veränderung als die INspirierenden Momente in unserem Leben.

Joshua und Josiah wissen eindeutig, dass man da zu Hause ist, wo die Koffer stehen. Das Leben ist kein Endziel, sondern eine Durchreise durch Entscheidungen und Veränderungen.

Danke, Joshua und Josiah, dass ihr unser Leben auf so vielfältige Weise bereichert. Geht und INspiriert eure Welt in Nah und Fern und denkt dran: »Bleibt niemals in Swasiland hängen!«

Wir haben diesen letzten Duzie-Moment mit dir geteilt, weil INspiration nie genau das ist, was man erwartet. Wir beten für dich, dass du INspiriert lebst und lebst, um zu INspirieren. Wir glauben, dass

INspiration jeden von uns vorantreibt, und wir ermutigen dich, diese Kunst zu üben und zu perfektionieren.

Du lässt jetzt die Wegweiser hinter dir und schlägst deinen eigenen Weg durchs Dickicht des Lebens ein. Sei bereit, deine Taschen zu packen und eine gute Spur zu hinterlassen, der andere folgen können. Du kannst eine INspiration sein. Wir glauben an dich!

Wir haben die Kunst von ConneXellence, die Kunst, unvergessliche Momente zu schaffen, als Kinder von Don und Sherryl Potter und Tim und Joan Thomas gelernt. Wir hatten das Privileg, jeden Tag von Eltern umgeben zu sein, die ihr Leben lebten, um mit ihrer Generation zu INteragieren, sie zu INteressieren, zu INvolvieren und zu INspirieren. Unsere Häuser waren immer zur Ehre Gottes voller menschlicher Liebe zu alltäglichen Menschen. Für diejenigen unter euch, die »Momente« mit unseren Eltern erlebt haben: Lasst euch sagen, es war sogar noch besser, mit ihnen zusammenzuleben. Danke, dass ihr uns das Leben geschenkt und uns beiden beigebracht habt, Momente zu schaffen.

Deine Reise geht weiter

Beginne noch einmal von vorne

Du hast es geschafft!

Vielleicht war die *ConneXellence*-Reise sehr weit für dich oder du warst schon vorher am Ziel angekommen. Wie auch immer, wir freuen uns, dass wir uns wiedersehen. Dies ist nicht das Ende! In der Tat ist das erst der Anfang. »Lass es von vorn beginnen« ist unser letzter Aufruf an dich. Der Weg vor dir hat weniger Wegweiser, aber hoffentlich mehr Momente.

Wir fordern dich heraus weiterzureisen, weil diese Generation immer weiter in die Zukunft drängt. Lass dich von INteraktion, INteresse, INvolvieren und INspirieren leiten. Eine *ConneXellence*-Landkarte wie diese wird sich weiterhin ändern. Neue Pfade müssen von Künstlern wie dir geschlagen werden. Hinter dem nächsten Hügel warten neue Prioritäten auf dich. Neue Möglichkeiten liegen vor dir. Deine unvergesslichen Momente sind die Sprache einer Generation, für die Beziehungen, »Verbindungen« alles sind. Sei kein Mitläufer, sondern übernimm die Führung und werde zu einem Meisterwerk an den Wänden und in den Fluren unvergesslicher Momente.

In Familien, Kirchen, Schulen und darüber hinaus verändert sich alles. Werde zu einem »Kunstlehrer« für Eltern, die keine Verbindung zu ihren Kindern haben, für Lehrer, Pastoren und andere Erwachsene, denen die jungen Leute wichtig sind. Begleite sie auf dem Pfade hervorragender Beziehungen und an den Wegweisern vorbei. Zeig ihnen durch dein Beispiel die verloren gegangene Kunst, hervorragende Momente zu schaffen.

Denk immer daran, dass es in der »Welt der Zukunft« keine Experten mehr gibt, sondern nur Forscher. Lebe und liebe das Abenteuer. Hoffentlich sehen wir uns auf dem neuen Weg.

Wenn du uns aus irgendeinem Grund brauchst, kannst du uns unter http://duzie.com finden. Du kannst dich da mit uns in Verbindung setzen. Mehr dazu im letzten Moment »Was ist ein Duzie«. Viel Spaß!

Was ist ein Duzie?

Was ist ein Duzie?
Hallo, ich bin Suzie und ich bin Dan und gemeinsam sind wir Duzie! Wir sind die *AMAZING EduTainers*[8]. Wir verbinden Bildungs- und Unterhaltungskunst, um *Duzie EduTainment* zu schaffen. Wir sind seit 1986 vor über 1 Million Zuschauern in Amerika und 60 Ländern aufgetreten.

Wo gibt es Duzie?
Duzie bildet und unterhält in Schulen, Kirchen, bei Privatveranstaltungen, Regierungs- und Industrieveranstaltungen, an Bord von drei Ozeanschiffen und bei Radio und Fernsehen.

Wo liegt der Nutzen von Duzie?
Duzie verbindet *Dein* Bildungsziel mit *Deinem* Publikum durch verschiedene Entertainment-Strategien. Der Vorteil liegt darin, dass dein Bildungsziel auf kreative, experimentelle und erinnerungswürdige Weise kommuniziert wird. Duzie verwendet *ConneXellence* zum INteragieren, INteressieren, INvolvieren und INspirieren deiner Gruppe.

Welches sind die Duzie-Fertigkeiten?
Duzie verbindet Zaubertricks, Kabarett, Theater, Kommunikation, Jonglieren, Kunst, DJ-Musik, Zirkuskunst und Film, um Verständnis zu schaffen.

Wie kann Duzie dir helfen?
Duzie hat über 3 000 verschiedene Programme und Veranstaltungen für Gruppen wie deine geschaffen. Sie haben mit Königen und Premierministern, Schulleitern und Pastoren, Eltern und Leitern von Organisationen zusammengearbeitet, um Programme zu schaffen, von denen alle Nutzen haben. Lies mal bei http://duzie.com nach, wie Duzie deine nächste Versammlung, Party, Veranstaltung oder deinen Dienst in das *Amazing EduTainment*-Reich bringen kann.

---

8 Kunstwort aus Education (Bildung) und Entertainment (Unterhaltung).

Dan und Suzie Potters Biografie

Dan hat als professioneller Illusionist und Komiker gearbeitet. Er ist Teenager-Mitarbeiter der vierten Generation und seine Leidenschaft ist es, Hoffnung durch Kommunikation zu schaffen. Er liebt es, in der freien Natur zu sein, zu schaffen, zu unterhalten und Zeit mit seiner Familie und seinen Freunden zu verbringen.

Suzie ist Krankenschwester. Sie ist Teenager-Mitarbeiterin der dritten Generation und ihre Leidenschaft ist es, Potenzial durch Beziehungen zu fördern. Sie liebt es, in den Bereichen Kunst und Tanz kreativ tätig zu sein, in ihrem Garten spazieren zu gehen und Zeit mit Dan, ihren Söhnen und fast allen anderen zu verbringen.

Dan und Suzie Potter sind die internationalen Jugendberater für *OM (Operation Mobilisation)*, eine Organisation, die weltweit in mehr als 110 Ländern tätig ist.

Dan und Suzie sind seit 1986 verheiratet und stolze Eltern zweier Söhne, Joshua Stand Strong Potter und Josiah Create Hope Potter. Eines ihrer wichtigsten Ziele als Familie ist, hervorragende Beziehungen zu leben.

Ihr Lebensgebet lautet: »Gott, von frühester Kindheit an warst du mein Lehrer, und ich habe den anderen Menschen stets von deinen Taten erzählt. Nun, da ich alt und grau bin, verlass mich nicht, o Gott. Lass mich von deiner Macht auch der kommenden Generation noch erzählen und von deiner Kraft allen, die nach mir kommen« (Psalm 71,17-18).

Dan und Suzie haben für Ortsgemeinden, *Youth for Christ* (der amerikanische Zweig von *Jugend für Christus*) und weltweit für *OM (Operation Mobilisation)* gearbeitet – und als *The Amazing EduTainers* in ihrem eigenen Unternehmen namens Duzie.

- Mit OM bauten sie über mehr als sieben Jahre eine Arbeit mit Teenagern in Polen auf.
- Sie sind die Gründer von *TeenStreet International*, dessen Arbeit Teenager aus über vierzig Ländern motiviert und befähigt, echte Freundschaft mit Jesus zu leben und ihn in ihrem Leben widerzuspiegeln. Gemeinsam koordinieren sie diese Arbeit seit über sechzehn Jahren in sieben Ländern.
- Sie haben *Young Hope Net* mitgegründet.

- Seit 1992 sind sie verantwortlich für MTO (*Missionary Teens Only*), ein Camp für missionarische Teens aus aller Welt.
- Sie sind Autoren und haben viele Programme für Camps und Kongresse entwickelt, Artikel verfasst, Schulungsmaterialien entwickelt und über 120 Theaterstücke geschrieben.
- Sie führen regelmäßig Beratungen und Schulungen auf OM-Schiffen durch.
- Sie leiten mehrere Duzie-Workshops und Freizeiten über *ConneXellence* und Kreativität, *SeXellence*, Kommunikation, Mentorenarbeit, *Passionality* (seine Leidenschaft entdecken) und Kindererziehung.
- Sie haben *ImagiNations* entwickelt, einen internationalen Trainings- und Mentorenkurs für Mitarbeiter zwischen den Generationen.
- Sie sind an zwei Expertengruppen beteiligt, das Komitee für Sexualität und menschliche Fortpflanzung für *Marlette Schools* und die *Graphic Arts Taskforce* für die *Sanilac County I. S. D.* (Schulbezirk in der US-Gemeinde Sanilac).
- Sie habe viele hilfreiche Ressourcen geschaffen, die unter http://duzie.com erhältlich sind.
- Es heißt, dass Duzie die Wahrheit in der einen Hand und kreative Fertigkeiten in der anderen hält. In der dritten Hand versuchen sie, den ständigen weltweiten Wandel von Teens zu balancieren. Und, obwohl du es nicht sehen kannst, weißt du: Sie haben etwas vollkommen Unerwartetes in der Hinterhand.

Es hat Jahre gedauert, *ConneXellence* zu entdecken und zu entwickeln und bevor du dich versiehst, wird eine neue Generation auftauchen. Wie gesagt, Veränderung ist eine wunderbare Sache.

Dan und Suzie Potter sind immer zu erreichen unter:
http://duzie.com

Neal Pirolo

Berufen zum Senden

Gemeinde und Weltmission

Paperback, 13,5 x 20,5 cm, 176 S.
Nr. 394.803,
ISBN 978-3-7751-4803-0

Gott will, dass alle Menschen von ihm hören und gerettet werden: Missionare gehen und verkündigen. Doch wer sendet und unterstützt sie? Welche Rolle spielt die Gemeinde? In acht konkreten Schritten zeigt Neal Pirolo, wie eine Gemeinde hinter ihrem Missionar stehen kann.

Tobias Faix

JesusStyle

Überraschend anders!

Paperback, 20 x 20 cm, 160 S.
Nr. 394.025,
ISBN 978-3-7751-4025-6

Ehrlich, kompromisslos, radikal: Dieses Buch entführt Dich auf eine Tour durch das Leben von Jesus – gemeinsam oder allein. Ein Style der sich durch alle Bereiche Deines Leben zieht. JesusStyle ist nicht von Trends und Mode abhängig. JesusStyle verändert – garantiert!

Bitte fragen Sie in Ihrer Buchhandlung nach diesen Büchern!
Oder schreiben Sie an: SCM Hänssler, D-71087 Holzgerlingen;
E-Mail: info@scm-haenssler.de

Christian George

Auf der Suche nach dem Sinn des Glaubens

Paperback, 13,5 x 20,5 cm, 176 S.
Nr. 394.940,
ISBN 978-3-7751-4940-2

Christian George sieht Gott und die Welt durch die Brille der »Generation Y« und schreibt provokant, humorvoll und spritzig über ihre geheimsten Sehnsüchte: nach Intimität, nach Gemeinschaft und Ewigkeit. Kurz: nach Sex, Sushi, Seelenheil.

Klaus Göttler

Für Jesus begeistern

Handbuch Jugendevangelisation

Paperback, 13,5 x 20,5 cm, 256 S.
Nr. 394.906,
ISBN 978-3-7751-4906-8

Hier haben Mitarbeiter und Interessierte eine Fundgrube zum Thema Jugend-Evangelisation. Für alle, die mehr wollen als ein Wohlfühl-Event! Mit Beiträgen von Roland Werner, Dieter Braun, Torsten Hebel, Christina Brudereck u. a.

Bitte fragen Sie in Ihrer Buchhandlung nach diesen Büchern!
Oder schreiben Sie an: SCM Hänssler, D-71087 Holzgerlingen;
E-Mail: info@scm-haenssler.de